신앙에 기쁨이 있기를

신앙에 기쁨이 있기를

지은이 | 조성헌
초판 발행 | 2023. 7. 13
등록번호 | 제 1988-000080호
등록된 곳 | 서울특별시 용산구 서빙고로 65길 38
발행처 | 사단법인 두란노서원
영업부 | 2078-3352 FAX | 080-749-3705
출판부 | 2078-3331

책값은 뒤표지에 있습니다.
ISBN 978-89-531-4516-0 03230

독자의 의견을 기다립니다.
tpress@duranno.com www.duranno.com

두란노서원은 바울 사도가 3차 전도여행 때 에베소에서 성령 받은 제자들을 따로 세워 하나님의 말씀으로 양육하던 장소입니다. 사도행전 19장 8-20절의 정신에 따라 첫째 목회자를 돕는 사역과 평신도를 훈련시키는 사역, 둘째 세계선교(TIM)와 문서선교(단행본·잡지) 사역, 셋째 예수문화 및 경배와 찬양 사역, 그리고 가정·상담 사역 등을 감당하고 있습니다. 1980년 12월 22일에 창립된 두란노서원은 주님 오실 때까지 이 사역들을 계속할 것입니다.

신앙에 기쁨이 있기를

빌립보서를 통해
돌아보는
11가지 믿음의 질문

조성헌 지음

두란노

목차

서문

빌립보서는 제가 20대부터 66권 중에 가장 좋아해 온 성경입니다. 철없는 어린 시절에는 몰랐지만, 언제부터인가 젊은 사람이든 나이 든 사람이든 겉으로는 웃고 있지만 속으로는 눈물 흘리는 것이 우리네 인생임을 알게 되었습니다. 인생의 크고 작은 파도들이 언제 들이닥칠지 모르지만, 그럼에도 불구하고 "주 안에서 항상 기뻐하라"(빌 4:4)는 바울의 메시지가 늘 제 마음을 위로하고 저에게 힘을 주었습니다. 실로 세상이 주는 기쁨은 잠시 잠깐이면 사라지지만, 주님이 주시는 기쁨은 영원하고 변함이 없습니다.

빌립보서 강해는 코로나19 팬데믹으로 인해 학교가 재정적으로 가장 힘든 시기를 보낼 때 육체적으로나 정신적으로나 심리적으로 힘들어하는 영혼들에게 설교했던 내용으로, 하나님이 저와 학교 공동체에 주셨던 말씀입니다. 저 개인에게도 가정적으로 피가 마르고 뼈를 깎는 아픔이 있었습니다. 그러나 그 고통의 터널에서 사도 바울이 빌립보 교회 성도들에게 전했던 '환난 가운데 기쁨'이라는 메시지를 삶에 적용하며 하루하루 하나님이 하실 선한 일을 기대했습니다. 그러면서 하나님 앞에서 최선을 다해 성령님의 인도하심을 따라 아름다운 선택을 하며 주님 안에서 기쁘고 감사한 삶을 살기 위해 몸부림침으로써 경험했던 큰 은혜를 설교로 나누었습니다.

코로나19 팬데믹의 악몽은 지나간 듯하지만, 어떤 이들은 지금도 여전히 힘든 시간을 보내고 있을 것입니다. 그 혹독한 겨울을 지나면서 삶의 터전을 잃고, 건강을 잃고,

사랑하는 이를 잃은 이들이 있습니다. 교회는 예배를 잃었고, 성도를 잃었습니다. 그 대신 미래에 대한 불안감을 얻었고, 죽음에 대한 두려움을 맛보았고, 인간의 무능력함을 깨닫게 되었습니다. 그럼에도 확실한 것은, 그리스도의 은혜가 우리를 붙들어 주신다는 사실입니다. 주님 안에서 지나온 세월을 한번 되돌아보십시오. 어떤 어려운 순간에도 하나님의 은혜가 함께하셨음을 깨달을 것입니다.

이 책을 통해 예수 그리스도의 놀라운 은혜가 당신과 함께하기를 간절히 소망합니다. 깊고도 높은 기쁨을 얻게 하는, 또는 다시 얻게 하는 책이 되기를 소망합니다.

부족한 종의 설교를 경청해 준 사랑하는 개신대학원대학교 구성원들과 종암중앙교회 성도님들 그리고 이 책이 나오기까지 사랑의 수고를 아끼지 않은 두란노서원에 감사를 드립니다. 마지막으로 나의 나 된 것은 주님이 하셨음을 고백하며 하나님께 모든 영광을 돌립니다.

"Soli Deo Gloria"(오직 하나님께 영광을).

2023년 7월

조성헌

"그리스도 예수의 종 바울과 디모데는 그리스도 예수 안에서 빌립보에 사는 모든 성도와 또한 감독들과 집사들에게 편지하노니 하나님 우리 아버지와 주 예수 그리스도로부터 은혜와 평강이 너희에게 있을지어다 내가 너희를 생각할 때마다 나의 하나님께 감사하며 간구할 때마다 너희 무리를 위하여 기쁨으로 항상 간구함은 너희가 첫날부터 이제까지 복음을 위한 일에 참여하고 있기 때문이라 너희 안에서 착한 일을 시작하신 이가 그리스도 예수의 날까지 이루실 줄을 우리는 확신하노라 내가 너희 무리를 위하여 이와 같이 생각하는 것이 마땅하니 이는 너희가 내 마음에 있음이며 나의 매임과 복음을 변명함과 확정함에 너희가 다 나와 함께 은혜에 참여한 자가 됨이라 내가 예수 그리스도의 심장으로 너희 무리를 얼마나 사모하는지 하나님이 내 증인이시니라 내가 기도하노라 너희 사랑을 지식과 모든 총명으로 점점 더 풍성하게 하사 너희로 지극히 선한 것을 분별하며 또 진실하여 허물 없이 그리스도의 날까지 이르고 예수 그리스도로 말미암아 의의 열매가 가득하여 하나님의 영광과 찬송이 되기를 원하노라"(빌 1:1-11).

1.

나의 사랑 나의 기쁨, 빌립보

사랑과 기쁨의 공동체를 세우고 있는가?

사도 바울은 전도 여행을 하면서 다양한 문화권의 사람들을 만나 숱한 경험을 했습니다. 그 과정에서 보이는 하나님의 섭리와 인도하심이 얼마나 놀라운지 모릅니다.

사도행전 16장에서 바울은 드로아에서 밤에 마게도냐 사람이 "이리로 건너와서 우리를 도와주시오."라고 외치는 환상을 보고, 곧 마게도냐를 향해 떠났습니다. 그 과정에서 루디아라는 자주색 옷감을 파는 부유한 사장을 만나 그녀와 그 가족 모두에게 세례를 베풀었습니다. 그녀의 집에서 머물던 바울과 실라는 길에서 웬 귀신 들린 여종이 그들을 좇아다니며 훼방하자 예수 그리스도의 이름으로 꾸짖어 귀신을 내쫓았다가 그 주인들에게서 고발당합니다.

흠씬 두들겨 맞고 감옥에 갇혔는데, 큰 지진이 일어나면서 옥문이 열렸습니다. 잠에서 깬 간수가 죄수들이 모두 탈옥한 줄 알고 자결하려고 하자 바울이 크게 소리 질러 말렸고, 그 덕분에 위기를 모면한 간수가 청하여 그와 그의 가족에게 세례를 베풀고 복음을 전하게 되었습니다. 이처럼 사도 바울은 뜻밖의 장소에서 복음을 전하며 세례를 베풂으로써 뜻밖의 기쁨을 맛보았습니다.

이 모든 일이 어디에서 일어났습니까? 바로 '빌립보'라는 이방 도시입니다. 마게도냐 지역에 도착해서 처음 발을 디딘 곳이 바로 이곳입니다. 빌립보는 마게도냐(마케도니아)의 왕 알렉산드로스의 아버지 필리포스 2세가 건설한 도시로 로마와 아시아를 잇는 교통 요지였습니다. 훗날 자색 옷감 장수 루디아의 집은 유럽 최초의 개척 교회가 됩니다.

기쁨으로 간구하는 이유

빌립보서는 바울이 쓴 열세 편의 서신 중 하나로 일종의 선교 보고서이자 감사 편지입니다. 흔히 '기쁨의 서신'으로 불립니다. 감사와 찬양과 환희의 기쁨이 곳곳에 표현되어 있기 때문입니다.

그는 첫머리부터 빌립보교회 성도들을 '생각할 때마다' '하나님께 감사하며' 그들을 위해 '기쁨으로 항상 간구'한다고 말합니다(빌 1:3-4). 그러면서 왜 그들을 위해 기도할 수밖에 없는지를 말해 줍니다(빌 1:5-7). 이를 세 가지로 정리할 수 있습니다.

◆ 복음을 위한 일에 참여함

첫째, 무엇보다도 그들은 서로에게 남다른 동역자이기 때문입니다. 바울은 "첫날부터 이제까지 복음을 위한 일에 참여하고 있기 때문이라"(빌 1:5)라고 말합니다. 그는 수년간 전도 여행을 다니면서 여러 교회를 개척했고, 힘써 양육해 왔습니다. 그러나 그 모든 교회가 동역자로서 인정받은 것은 아닙니다. 예를 들어, 그가 갈라디아교회에 보낸 편지의 서문을 보면, 인사하자마자 바로 책망에 들어가는 것을 볼 수 있습니다.

> "그리스도의 은혜로 너희를 부르신 이를 이같이 속히 떠나 다른 복음을 따르는 것을 내가 이상하게 여기노라"(갈 1:6).

여기서 우리말로 번역된 '이상하게'를 영어 성경(NIV)은

'astonished'로 번역했습니다. '깜짝(크게) 놀란'이라는 뜻으로, 너무 놀라서 어리둥절한 상태가 되었다는 의미입니다. 쉽게 말해서, 경악했다는 것입니다.

그런가 하면, 고린도교회에 보낸 편지의 서문을 보면, 제발 분쟁을 멈추고 하나가 되라고 간곡히 부탁합니다. 얼마나 문제가 심각했던지, 바울 서신 중에서 가장 긴 두 편의 수신자가 모두 고린도교회였을 정도입니다.

'첫날부터 이제까지 복음을 위한 일에 참여'한 것으로 칭찬받은 교회는 빌립보교회가 유일합니다. 여기서 '첫날'이란 자색 옷감 장수 루디아가 예수 그리스도를 영접한 '그날'을 가리킬 것입니다. 빌립보 교인들은 그때부터 '이제까지' 장소면 장소, 음식이면 음식, 물심양면으로 바울의 사역을 후원해 왔습니다. 급기야 바울이 로마 감옥에 갇히자 에바브로디도를 통해 선교 헌금을 보내오기도 했습니다. 그들은 바울의 든든한 동역자였고, 바울은 그들을 떠올릴 때마다 기뻤습니다. 그는 감사한 마음으로 그들을 위해 기도하곤 했습니다. 개척 선교사인 자신을 처음부터 도왔고, 지금도 돕고 있는 교인들을 위해 기도하지 않을 수가 없었던 것입니다. 참으로 특별한 관계요, 기쁨을 주는 만남입니다.

◆ 하나님께서 그들 가운데 역사하심

둘째, 주님이 그들 가운데 역사하심을 확신하기 때문입니다.

> "너희 안에서 착한 일을 시작하신 이가 그리스도 예수의 날까지 이루실 줄을 우리는 확신하노라"(빌 1:6).

과거 빌립보에서 있었던 일들을 생각하면, 바울은 하나님이 처음부터 강력히 역사해 오셨음을 확신할 수밖에 없습니다. 하나님은 그를 자색 옷감 장수 루디아와 간수에게로 인도하셨습니다. 그들은 세례를 위해 준비된 영혼이었습니다. 바울은 복음을 전한 것밖에는 아무것도 한 일이 없습니다. 그가 시작한 일이 아니라 주님이 시작하신 일입니다. 주님이 시작하신 일에 바울이 쓰임 받은 것입니다.

사람의 일은 오래가기 어렵습니다. 예수 그리스도가 없는 사람의 마음은 종이 한 장만큼 가볍습니다. 반면에 주님의 마음은 반석만큼 단단하고 무겁습니다. 사람의 일은 작심삼일이지만, 주님의 일은 영원합니다. 하나님은 사람이 주님의 일을 자기 일로 만들지만 않는다면, 그 사람을 들어 사용하십니다. 주님의 일에 사람을 참여시켜 주실 만큼 하나님은 마음이 너그러우신 분입니다.

이 진리를 바울은 확실히 알고 있었습니다. 그는 자신이 하는 일이 자신의 사역이 아니라 주님이 시작하신 주님의 사역임을 알았습니다. 또한 주님이 하시는 일에는 악도 없고 사심도 없으며, 오로지 선함과 사랑만 있을 뿐임을 알았습니다. 바울은 주님이 다시 오실 그날까지, 아니 영원토록 계속해서 선을 이루어 가실 것을 믿고 자신의 모든 것을 주님께 바쳤습니다. 그랬더니 주님이 그를 들어 사용하셨고, 그의 연약함마저 강함이 되게 하셨습니다.

당신은 어떤 마음으로 사역을 감당하고 있습니까? 누구의 일입니까? '나의 일'입니까, 아니면 '주님의 일'입니까? 나의 잘된 것은 다 내 덕이고, 잘못된 것은 남 탓이라고 생각합니까? 아닙니다. 나의 나 된 것은 물론 나의 약함조차도 모두 주님의 것입니다. 주님은 우리의 죄를 짊어지실 뿐만 아니라 십자가에서 죽기까지 하셨습니다. 그로 인해 우리가 자유를 얻었습니다.

대답하기 곤란할 수도 있는 질문을 하겠습니다. 당신은 '주님의 선한 사역'을 하고 있습니까, 아니면 '내 사역'을 하고 있습니까? 당신은 주님이 시작하신 일을 맡아서 하고 있습니까, 아니면 사심에 이끌려 제멋대로 하고 있습니까? 당신은 초심을 유지하고 있습니까? 당신이 하는 일은 사랑의 사역입니까? 곰곰이 생각하며 나아가기를 바랍니다. 그리하여 당신도 사도 바울과 마찬가지로 주님의 사역에 참여하고 있음을 확신하고, 귀한 열매 맺기를 바랍니다.

◆ 바울과 함께 은혜에 참여함

바울이 빌립보교회 성도들을 위해 기쁨으로 간구할 수밖에 없었던 세 번째 이유는, 그가 심히 어려운 상황에 부딪혔을 때도 그들이 그와 뜻을 함께해 주었기 때문입니다.

> "내가 너희 무리를 위하여 이와 같이 생각하는 것이 마땅하니 이는 너희가 내 마음에 있음이며 나의 매임과 복음을 변명함과 확정함에 너희가 다 나와 함께 은혜에 참여한 자가 됨이라"(빌 1:7).

빌립보교회 성도들은 사도 바울이 소위 잘나갈 때만 그를 좋아하고, 어려운 처지에 놓이면 모르는 체하는 사람들이 아니었습니다. 앞서 말했지만, 사람의 마음은 종잇장처럼 가벼워 쉽게 흔들리곤 합니다. 보통 사람들에게는 흔하디흔한 일입니다. 그런데 빌립보교회 성도들의 마음은 사도 바울을 처음 만났을 때부터 그가 감옥에 갇힌 때까지 변함이 없었습니다. 무엇에 변함이 없었습니까? 그를 향한 신뢰와 사랑 그리고 복음 전파를 위한 열정에 변함이 없었습니다.

모두가 외면하고 떠나 버리는 상황에서 끝까지 나를 버리지 않는 누군가가 한 명이라도 있다면, 그것은 축복일 것입니다. 모압 지방에서 남편과 두 아들을 잃은 나오미가 고향 베들레헴으로 돌아가려고 할 때, 죽을 때까지 함께하겠다고 나선 며느리 룻이 나오미에게 그런 존재였습니다. 사울 왕에게 추격당하던 다윗에게는 요나단이 그랬습니다. 십자가에 달리신 예수님에게는 제자 요한이 그랬습니다. 옥에 갇힌 사도 바울에게는 영적 아들 디모데가 있었지만, 빌립보교회 성도들도 그에 못지않았습니다.

바울이 빌립보교회 성도들을 얼마나 사랑했던지, 하나님 앞에서 이 같은 맹세를 하기까지 했습니다.

> "내가 예수 그리스도의 심장으로 너희 무리를 얼마나 사모하는지 하나님이 내 증인이시니라"(빌 1:8).

그들을 향한 애틋한 사랑이 물씬 느껴지는 구절입니다. 바울은 '예수 그리스도의 심장', 곧 예수 그리스도의 사랑으로 그들을 사랑한다고 고백합니다. 디모데나 실라가 증인이 되어 줄 수도 있지만, 하나님을 증인으로 내세우고 있습니다. 하나님보다 더 확실한 증인이 있을까요? 이보다 더 완벽한 사랑의 고백은 없을 것입니다.

빌립보교회 성도들을 위해 드렸던 사도 바울의 여러 기도 제목은 결국 하나로 수렴됩니다. 바로 사랑입니다.

너희 사랑이 더욱 풍성해지기를

사도 바울은 빌립보교회 성도들을 특별히 살뜰하게 챙겼고, 그들을 생각할 때마다 하나님께 감사하며 기쁜 마음으로 간구했습니다. 그가 간구한 것은 무엇이었을까요? 사도 바울의 기도를 통해 기쁨의 간구가 가져오는 결과에 관해 살펴보겠습니다.

> "내가 기도하노라 너희 사랑을 지식과 모든 총명으로 점점 더 풍성하게 하사"(빌 1:9).

먼저, 바울의 사랑은 어떤 사랑입니까? 그가 말한 '사랑'은 헬라어로 '아가페'입니다. 아가페란 하나님이 우리에게 베푸시는 조건 없는 사랑을 의미합니다. 그는 그들의 아가페적 사랑이 '지식과 모든 총명'으로 더욱 풍성하게 되기를 기도합니다.

여기서 '지식'은 영어 성경(NIV)에 'knowledge'로 번역되었는데, 세상의 지혜로 알아 가는 일반적인 지식의 증가를 가리키는 것이 아닙니다. 성경은 "여호와를 경외하는 것이 지식의 근본"(잠 1:7)이라고 말씀합니다. 즉 경험적으로나 체험적으로 하나님을 아는 지식을 통해 사랑이 풍성해지기를 바란다는 뜻입니다.

그냥 사랑하면 될 텐데, 왜 굳이 하나님을 아는 지식이 더해져야 한다고 말할까요? 하나님은 사랑이십니다. 그러니 사랑의 근원이신 하나님을 아는 만큼 잘 사랑할 수 있지 않겠습니까? 하나님의 사랑을 먼저 체험하고, 깊이 묵상하고 알아 가는 만큼 나 자신뿐 아니라 이웃도 더욱 온전히 사랑할 수 있게 됩니다.

또한 영어 성경(NIV)은 '총명'을 'insight'로 번역했는데, 헬라어로는 '아이스데시스'이며 정확한 뜻은 '영적, 윤리적 분별력'이라고 할 수 있습니다. 그런데 사랑하는 데 분별력이 왜 필요할까요? 왜냐하면 우리는 사랑이 아닌 것을 사랑이라고 너무도 쉽게 착각하는 세상에서 살고 있기 때문입니다. 반대로 진짜 사랑을 사랑이 아니라고 오해하기도 합니다.

두 살배기 어린아이가 엄마에게 사탕을 달라고 조릅니다. 열심히 조른 끝에 엄마에게서 사탕을 하나 받아먹었는데, 너무나 달콤합니다. 아이가 또 달라고 보채기 시작하자 엄마가 하나를 더 주고는 "이게 끝이야"라고 말합니다. 아이는 고개를 끄덕였지만, 입안의 사탕이 녹아내리자마자 다시 보채기 시작합니다. 엄마는 안 된다고 단호하게 거절합니다. 왜 거절합니까? 지나친 당 섭취가 아이에게 좋지 않기 때문입니다. 아이가 건강하게 자라기를 바라니까 거절하는 것입니다. 이것이 엄마의 사랑입니다.

그런데 두 살배기가 엄마의 사랑을 이해하고 그 뜻을 분별할 수 있을까요? 십중팔구 주저앉아 떼쓰며 "엄마 미워!"를 연발할 것입니다. 엄마가 자기 요구를 들어주지 않는 걸 보니 자기를 사랑하지 않는 게 분명하다고 느낀 것입니다. 아이가 자라 초등학생쯤 되면 엄마의 마음을 알까요? 이제는 제법 말귀를 알아듣고, 학교에서 영양 교육도 받을 테니 왜 사탕을 많이 먹으면 안 되는지를 엄마가 설명해 주면 잘 이해하지 않을까요? 아닙니다. 되레 말을 더 안 듣습니다. 엄마 앞에서는 듣는 척해도 아무도 안 볼 때 맘대로 먹을 것입니다. 그러면 언제쯤이나 엄마의 사랑을 깨달을까요? 아마도 아이가 커서 자기 자식을 낳아 봐야 겨우 알게 될 것입니다.

사도 바울은 예수 그리스도의 사랑으로 사랑하는 빌립보교회 성도들이 주님의 사랑을 더욱 알아 가기를 원했습니다. 이미 꽤 성숙한 그들이었지만, 하나님을 경험하고 알아 감으로써 그 뜻을 더욱 잘 분별하고 깊이 이해하는 성도가 되기를 간절히 바란 것입니다.

그렇다면 하나님을 아는 지혜와 영적 분별력으로 성숙한 사랑을 하면 우리에게 어떤 유익이 있을까요?

"너희로 지극히 선한 것을 분별하며 또 진실하여 허물 없이 그리스도의 날까지 이르고"(빌 1:10).

여기서 '진실하여'를 영어 성경(NIV)에서 보면 'pure'인데, 이는 오염되지 않고 깨끗하다는 뜻입니다. 즉 불순하지 않다는 것입니다. 사도 바울은 성도들의 사랑이 지식과 총명으로 점점 더 풍성해지기를 원할 뿐만 아니라, 관계적인 면에서 불순한 동기(impure motive)가 아닌 순수한 동기(pure motive)에서 서로를 대하기를 바랐습니다. 순수한 사랑의 마음으로 하나님과 또 성도 간에 관계를 맺으라는 것입니다. 그리고 '허물 없이'에 해당하는 헬라어 단어 '아프로스코포이'를 그대로 번역하면 '다른 사람의 걸림돌이 되지 않게'라는 뜻입니다. 이 또한 성도 간의 사랑의 관계에서 꼭 유념해야 할 부분입니다.

아무리 믿음의 형제자매 간이라도 관계의 어려움을 겪

어 보지 않은 사람은 아마 한 명도 없을 것입니다. 저도 그렇습니다. 누군가에게 기분이 상하면 그를 함부로 대하거나 무시할 수 있습니다. 또 앙심을 품고 때를 기다렸다가 한 방에 날려 버릴 수도 있을 것입니다. 이것이 우리의 민낯이고, 현실입니다. 이럴 때 우리는 어떻게 해야 할까요? 관계의 어려움으로 고민하는 우리를 위해 사도 바울이 기도합니다.

"너희가 주님의 순수한 사랑의 마음으로 서로를 대하고, 서로에게 믿음의 걸림돌이 되지 않기를 기도한다. 이러한 기준으로 하나님의 최선의 방법을 분별하는 사람이 되기를 기도한다."

지혜롭고 분별력 있는 사랑을 하면, 우리를 향하신 하나님의 최선의 뜻을 알 수 있습니다. 그럼으로써 우리는 영적으로나 윤리적으로 또는 관계적으로 최선의 선택을 해 나갈 수 있습니다.

사랑으로 맺은 의의 열매

사도 바울처럼 성도들을 위해 항상 기쁨으로 간구하는 사랑을 하면 어떤 결과가 있을까요?

"예수 그리스도로 말미암아 의의 열매가 가득하여 하나님의 영광과 찬송이 되기를 원하노라"(빌 1:11).

하나님께 영광이 되는 의의 열매를 풍성히 맺게 됩니다. 사도 바울이 말하는 열매는 '성도의 수'가 아닙니다. 교회가 부유할수록 열매를 많이 맺는 것도 아닙니다. 그가 기도하는 열매는 그런 열매가 아닙니다. 그는 성도들이 그리스도를 통해 의의 열매를 맺기를 바라며 기도합니다.

'의의 열매'란 우리와 하나님 그리고 성도 간에 사랑이 더욱 풍성해짐으로써 맺히는 열매를 가리킵니다. 성령의 열매가 이에 속합니다. 우리가 하나님과 성도를 사랑하면 할수록 "사랑과 희락과 화평과 오래 참음과 자비와 양선과 충성과 온유와 절제"(갈 5:22-23)의 열매가 더욱 풍성히 맺힐 것입니다. 자연스러운 결과입니다.

열매는 스스로 맺히는 법이 없습니다. 열매 맺기의 핵심은 열매가 아닌 그 가지에 있기 때문입니다. 마찬가지로 의의 열매 맺기 또한 주님과의 관계에 성패가 달렸습니다. 이것이 바로 포도나무와 가지의 관계 원리입니다. 그러므로 우리는 예수 그리스도를 통하지 않고는 의의 열매를 맺을 수 없습니다. 즉 예수 그리스도를 믿지 않으면 의의 열매를 맺지 못한다는 뜻입니다. 자기 의로 맺은 열매는 이 땅에서 썩어 없어지고 말 것입니다. 자기 의를 나타내는 것은 결국 하나님의 영광을 가리는 것이나 마찬가지입니다.

의의 열매는 이웃 사랑에서 명확히 나타납니다. 다른 사람의 열매를 섣불리 판단하지 않기를 바랍니다. 그 마음의 동기는 하나님만이 아십니다. 다만 주님의 기준에 견주어 자신의 사랑을 판단하기를 바랍니다.

제가 존경하는 미국 트리니티 신학대학원의 D. A. 카슨(Donald Arthur Carson) 교수님이 자신의 저서 《바울의 기도》(복있는사람 역간)에서 목회자들을 향해 날카로운 질문을 던진 바 있습니다.

> 자신이 섬기는 회중이 지극히 선한 것에 이르기를 온 마음으로 소원하는가?●

카슨 교수님은, 만일 이를 소원한다면 자신이 기도에 얼마나 많은 시간을 들이고 있는지 자문해야 한다고 충고하면서 제대로 기도하지 않는 서구 목회자들의 문제점들을 나열합니다. 목회자가 마치 자신이 만능인이라도 되는 듯 목양뿐 아니라 행정과 교육 등 너무 많은 일을 도맡아 하는

● D. A. 카슨, 《바울의 기도》, 윤종석 역, 복있는사람, p.131.

바람에 일중독이 되어 정체성의 혼란과 좌절을 경험함으로써 오히려 목회자의 위신을 스스로 깎아내리고 있다고 꼬집어 말합니다.

이것은 비단 서구 목회자들만의 문제가 아닙니다. 카슨 교수님의 외침에 우리도 귀를 기울여야 합니다. 그는 책에서 이렇게 말합니다.

> 이런 압력과 그 외의 비슷한 것들이 우리의 가치관을 좀먹고, 목표에서 빗나가게 하고, 결국 스케줄을 망쳐 놓는다. 그러나 성경적 우선순위를 되찾으면 이 모든 압력이 달리 보인다 … 주보는 당신이 만들지 않아도 되지만, 기도는 꼭 해야 한다. 모든 위원회의 장이 되거나 모든 회의에 참석할 필요는 없지만, 기도는 사수해야 한다 … 아울러 열매가 없는 이유가 혹시 자신이 말씀과 기도의 사역에서 빗나갔기 때문은 아닌지 과감히 물어야 한다. 우리는 지극히 선한 것 - 영적 수확, 회심, 성령의 실증적 열매 등 - 을 위해 얼마나 기도했는가? 적게 구해서 적게 경험하는 것은 아닌가? 우리의 열매 없는 삶은 기도 없는 삶에 비례하는 것이 아닌가? 바울의 기도는 우리의 수많은 구실을 예리하게 베어낸다.●

● 앞의 책, p.132.

바울의 사랑의 기도가 우리 기도가 되어 가정과 교회와 공동체에서 사랑의 열매를 더욱 풍성하게 맺게 되기를, 그리하여 하나님께 영광 돌리는 삶을 살아가게 되기를 바랍니다.

"형제들아 내가 당한 일이 도리어 복음 전파에 진전이 된 줄을 너희가 알기를 원하노라 이러므로 나의 매임이 그리스도 안에서 모든 시위대 안과 그 밖의 모든 사람에게 나타났으니 형제 중 다수가 나의 매임으로 말미암아 주 안에서 신뢰함으로 겁 없이 하나님의 말씀을 더욱 담대히 전하게 되었느니라 어떤 이들은 투기와 분쟁으로, 어떤 이들은 착한 뜻으로 그리스도를 전파하나니 이들은 내가 복음을 변증하기 위하여 세우심을 받은 줄 알고 사랑으로 하나 그들은 나의 매임에 괴로움을 더하게 할 줄로 생각하여 순수하지 못하게 다툼으로 그리스도를 전파하느니라 그러면 무엇이냐 겉치레로 하나 참으로 하나 무슨 방도로 하든지 전파되는 것은 그리스도니 이로써 나는 기뻐하고 또한 기뻐하리라 이것이 너희의 간구와 예수 그리스도의 성령의 도우심으로 나를 구원에 이르게 할 줄 아는 고로 나의 간절한 기대와 소망을 따라 아무 일에든지 부끄러워하지 아니하고 지금도 전과 같이 온전히 담대하여 살든지 죽든지 내 몸에서 그리스도가 존귀하게 되게 하려 하나니 이는 내게 사는 것이 그리스도니 죽는 것도 유익함이라 그러나 만일 육신으로 사는 이것이 내 일의 열매일진대 무엇을 택해야 할는지 나는 알지 못하노라 내가 그 둘 사이에 끼었으니 차라리 세상을 떠나서 그리스도와 함께 있는 것이 훨씬 더 좋은 일이라 그렇게 하고 싶으나 내가 육신으로 있는 것이 너희를 위하여 더 유익하리라 내가 살 것과 너희 믿음의 진보와 기쁨을 위하여 너희 무리와 함께 거할 이것을 확실히 아노니 내가 다시 너희와 같이 있음으로 그리스도 예수 안에서 너희 자랑이 나로 말미암아 풍성하게 하려 함이라"(빌 1:12-26).

2.

그리스도와 주님의 복음

날마다 복음의 진보를 이루고 있는가?

대부분 이방인인 빌립보교회 성도들은 유대인 선교사인 바울이 로마 감옥에 갇혔다는 소식을 듣고 그에게 사람을 보내 안부를 물으며 선교 헌금을 전달할 정도로 신실했습니다. 빌립보는 유대 회당이 없을 만큼 유대인이 많지 않은 도시였지만, 사도 바울은 빌립보교회 성도들에게 유대인들을 조심하라고 당부합니다. 특히 할례를 받아야만 구원을 받는다는 율법적인 가르침을 퍼뜨리는 유대인들을 가리켜 "개들 … 행악하는 자들 … 몸을 상해하는 일[을 행하는 자들]"(빌 3:2)이라 부르며 경계하게 했습니다. 이보다 더 강력한 경고는 없을 것입니다. 어쩌면 빌립보에 유대인이 적은 것이 오히려 다행이었는지도 모릅니다.

이 편지를 쓰는 지금, 바울은 어떤 상태입니까? 얼핏 봐도 좋지 않습니다. 가택 연금이긴 하지만, 하루 24시간 로마 군인의 감시를 받아야 하는 옥중 생활을 하고 있습니다. 볼일조차 마음대로 볼 수 없습니다. 자유를 잃은 지 한두 달도 아니고, 두 해가 다 되어 갑니다.

바울의 미래는 어떻습니까? 한마디로 불투명합니다. 그는 잘못한 것이 없습니다. 그런데도 예수님처럼 죄 없이 죄인이 되어 버린, 매우 억울한 상황입니다. 로마 법정이 그를 살릴지 아니면 죽일지 알 수 없습니다. 판결을 기다릴 뿐입니다. 사람은 자신이 언제까지 살 수 있을지 모른 채 살아가지만, 그렇다고 해서 늘 죽음을 의식하며 살지는 않습니다. 그러나 바울에게 죽음은 문만 열면 바로 들이닥칠 만큼 가까이 다가와 있습니다.

그런 그에게 빌립보교회 성도들은 사막의 오아시스와도 같이 고마운 존재였습니다. 그는 자신이 애틋하게 사랑하는 성도들에게 어떤 메시지를 전하고 싶었을까요? 저는 빌립보서의 핵심은 무엇보다도 '그리스도와 주님의 복음'이라고 생각합니다. 물론, 원론적인 이야기이긴 하지만, 바울의 핵심이 그러하니 그렇다고밖에 말할 수가 없습니다. '그리스도'가 1장에서만 열여덟 번이나 언급되고 있기 때문입니다. 아마도 사도 바울이 지금 우리 앞에 있다면, 자기 서신의 핵심은 '그리스도와 주님의 복음'이며 그로 인한 기쁨으로 충만하다고 외칠 것입니다.

사도 바울은 한마디로 그리스도와 복음에 미친 사람입니다. 죽을 지경이 되어서도 오히려 기쁘다고, 잘됐다고, 더 유익하다고 말합니다. 자기 상황이 맘에 들어서가 아닐 것입니다. 감옥살이가 체질에 맞아서도 아닐 것입니다. 다만 복음을 위해 잘된 것이라고 자신의 상황을 스스로 해석할 뿐입니다. 그렇다면 이제 사도 바울이 빌립보교회 성도들에게 털어놓은 기쁨과 가치 있음과 유익함이라는 세 가지 해석의 이유를 살펴봅시다.

복음 전파의 진전

첫 번째 해석의 이유는 다음과 같습니다.

> "형제들아 내가 당한 일이 도리어 복음 전파에 진전이 된 줄을 너희가 알기를 원하노라"(빌 1:12).

사도 바울은 자신이 감금된 것이 복음을 위해서는 되레

잘된 일이라고 말합니다. 그는 빌립보교회 성도들이 자신을 위해 기도하고 있음을 알았습니다. 그래서 그들에게 듣기 좋은 말을 한 것일까요? 아닙니다. 바울도 처음에는 억울하고 당황스러웠을 것입니다. 그러나 감금된 기간이 길어지는 동안에 쉬지 않고 기도하면서 하나님의 관점으로 자신의 상황을 돌아보고는 이같이 말할 수 있게 된 것입니다. 즉 "나는 오직 그리스도만 전파되는 기쁨을 누린다!"라고 말입니다.

그는 세 가지 이유로 기쁘다고 말합니다. 첫째, 그가 그리스도를 위해 갇힌 사실이 로마의 "모든 시위대 안과 그 밖의 모든 사람"(빌 1:13)에게 알려짐으로써 오히려 그들에게 복음을 전할 기회가 생겼기 때문입니다. 바울만 매인 몸이 아닙니다. 그를 감시하는 로마 시위대도 정해진 시간마다 교체될 뿐 꼼짝없이 매여 있어야 합니다. 그러니 그에게는 시위대가 좋은 전도 대상이 될 수밖에 없습니다.

사도 바울이 사기꾼도 아니고 살인자도 아니고 정치범도 아닌 것을 로마 군인들도 알았을 것입니다. 그들은 바울이 오로지 복음 때문에 매여 있는 것을 알게 되었을 것이고, 바울은 그들에게 복음의 씨앗을 뿌리기 시작했을 것입니다. 이방인 전도의 선두 주자인 사도 바울이 로마에서, 그것도 로마 황제를 가까이 모시는 시위대에 그리스도를 전할 수 있게 되었으니 얼마나 기쁘겠습니까?

둘째, 신실한 성도들이 사도 바울을 본받아 더욱 담대하게 복음을 전파하는 계기가 되었기 때문입니다. 혹여 목숨을 잃을까 봐 두려워서 움츠렸던 성도들이 바울이 감옥에서도 복음을 전한다는 소식을 듣고 감동하여, 회개하고 더욱 열심히 주를 섬기게 될 것이기 때문입니다. 우리나라 민주화 운동이 광주 출신의 한 대학생의 죽음으로 인해 더욱 불붙었던 것처럼 사도 바울의 매임이 성도들의 전도 열정에 불을 붙인 것입니다. 기죽어 있던 성도들이 바울의 고난을 통해 도전받고 그의 고난에 동참하기 시작하니 얼마나 기쁘겠습니까?

셋째, 사도 바울을 시기하던 성도들이 감옥에 갇혀 있는 그를 괴롭힐 요량으로 더욱 열심히 그리스도를 전파하게 되었기 때문입니다. 그들의 의도는 분명히 불순합니다. 빌립보교회를 개척하고 양육했던 바울은 한때 그들 모두에게서 큰 사랑을 받은 바 있습니다. 그러나 지금은 성도들과 함께 있지도 않거니와 사역은커녕 감옥에 갇혀서 성도들의 걱정과 근심의 대상이 되고 말았습니다. 반대 세력들은 바울을 시기하여 경쟁심에서 그의 선교 사역 성과를 깎아내리고, 자신들의 영향력을 공고히 하여 성도들의 사랑을 독차지하려는 비열한 의도로 사역합니다. 그러나 그들이 전하는 복음은 그 자체로 온전하며, 어찌 됐든 그리스도께서 널리 전파되는 것이기에 사도 바울은 기뻐기만 했습니다.

그가 원한 것은 자기 이름이 널리 알려지거나 높임을 받는 것이 아니었습니다. 애초에 사람들에게서 좋은 평가를 받으려고 열심히 사역한 것이 아니니 업적이나 명성 따위에는 연연하지 않았습니다. 그는 오직 그리스도 한 분만이 선포되기를 간절히 원할 뿐입니다.

오직 그리스도를 위해서

그리스도와 복음에 미친 바울이 자신이 감옥에 갇힌 상황이 오히려 가치 있다고 말한 두 번째 해석의 이유는 다음과 같습니다.

> "나의 간절한 기대와 소망을 따라 아무 일에든지 부끄러워하지 아니하고 지금도 전과 같이 온전히 담대하여 살든지 죽든지 내 몸에서 그리스도가 존귀하게 되게 하려 하나니 이는 내게 사는 것이 그리스도니 죽는 것도 유익함이라"(빌 1:20-21).

감옥에 갇힌 사람의 최대 관심사는 감옥에서 풀려나는 것이 아닐까 싶습니다. 그런데 바울은 자신의 가장 간절한 기대와 소망이 '살든지 죽든지 내 몸에서 그리스도가 존귀하게' 되시는 것이라고 말합니다. 이것이 바로 바울의 일생일대의 소원입니다.

비록 로마 황제의 심판을 기다리고는 있지만, 자신의 목숨이 황제의 손에 달려 있지 않다는 것입니다. 더 나아가 죽는 것도 두렵지 않다고 말합니다. 다만 혹여 그리스도를 존귀하게 하지 못할까 봐 걱정입니다. 즉 바울의 관심사는 죽고 사느냐의 문제가 아닌, 오직 그리스도를 존귀하게 하는가, 못 하는가의 문제입니다.

그러니 그가 거둔 사역의 열매들을 폄하하는 자들이라도 그리스도의 복음을 전하기만 한다면 바울은 그것으로 충분하다고 여깁니다. 그의 자리를 위협하거나 사역을 빼앗아 가거나 하는 것들은 안중에도 없습니다. 예수 그리스도를 존귀하게 하는 문제에 비하면 아무것도 아니기 때문입니다. 그들의 뒤틀린 마음은 하나님이 심판하실 테고, 바울에게는 주님이 그의 중심을 보고 계신다는 사실이 중요할 따름입니다.

우리는 어떻습니까? 우리의 '간절한 기대와 소망'은 무엇입니까? 우리는 어떤 기도 제목들로 기도합니까? 다시 말해서, 우리 세대의 가장 큰 관심사는 무엇일까요?

2018년, 문화체육관광부 국민소통실에서 발표한 '온라인 커뮤니티 게시물을 중심으로 한 세대별 관심사와 고민거리의 빅데이터 분석 결과'를 보면 2030 세대는 역시 '일자리' 분야에 가장 관심이 높았는데, 5060 세대도 두 번째로 높은 관심을 보였다는 점이 눈에 띕니다. 100세 시대인데 명예 퇴직자가 많다 보니 나타나는 현상이라고 볼 수 있습니다. 그런가 하면, 3040 세대는 부동산이나 경제에 관한 관심이 가장 높고, 다른 세대들보다 안보와 외교에 관심이 높은 편이라고 합니다.

그렇다면 모든 세대를 아우르는 공통 관심사는 무엇일까요? 바로 '일자리'입니다. 이는 모든 세대의 고민거리와도 관련 있는데, 바로 '나이'와 '돈'과 '시간'입니다. 이쯤 되면 모든 세대의 공통 관심사이자 고민거리를 나타내는 핵심 단어가 보입니까? 맞습니다. 바로 '돈'입니다. 저부터가 이 분석 결과에서 크게 벗어나지를 않습니다. 힘들어도 가족을 위해 일하고 있고, 자녀들의 키가 커 갈수록 빚이 늘어 가는 반백 살의 중년 남성으로서 건강관리에 힘쓰고 있으며, 여생을 어떻게 살아야 할지 늘 고민하기 때문입니다.

결과적으로 현세대의 보편적인 '간절한 기대와 소망'이

란 '조금 더 건강하게, 좀 더 여유 있게, 좀 더 풍요롭게 사는 것'이라고 말할 수 있을 것입니다. 그런데 사도 바울의 기대와 소망과는 거리가 멀어도 한참 멉니다. 물론 그는 예수님의 특별한 부르심을 받았고, 평생 독신으로 살았으니 살림이 단출했을 것입니다. 그런 점을 고려하더라도 그의 기대와 소망이 '살든지 죽든지 내 몸에서 그리스도가 존귀하게' 되시는 것이라는 사실은 그가 진정으로 그리스도와 복음에 미친 자임을 보여 줍니다. 그는 그리스도인들을 박해했던 아픈 과거가 있는 만큼 빚진 마음으로 더욱 힘써 그리스도를 전했습니다.

우리도 사도 바울처럼 살아야만 할까요? 그럴 수만 있다면 좋겠지만, 반드시 똑같이 살아야 하는 것은 아닙니다. 중요한 것은 소망의 우선순위입니다. 돈, 시간적 여유, 건강하게 나이 드는 것 등이 나쁘다는 것은 아닙니다. 다만 이것들이 우리 인생의 최대 관심사가 되어서는 안 될 것입니다. 성도의 소망 1순위는 예수 그리스도여야만 합니다.

그리스도보다 사역이 우선인 사역자가 있습니다. 그런가 하면 그리스도보다 자식이 우선인 부모도 있고, 그리스도보다 내 건강이, 내 명예가, 나 자신이 우선인 사람도 있습니다. 그러나 예수 그리스도의 자리를 돈이나 건강, 배우자나 자녀, 사역이나 생업이 차지하게 해서는 안 됩니다.

깨어 기도하지 않으면, 누구나 그렇게 되기 쉽습니다. 그것이 육신의 체질에 잘 맞고, 더 자연스럽기 때문입니다. 그렇기에 우리에게는 영적인 체질 개선이 필요합니다.

목회자든 교수든, 주부든 학생이든, 누가 무슨 일을 하든지 그것이 자신을 위해 하는 것인지 아니면 그리스도를 위해 하는 것인지는 마음의 중심을 보시는 하나님만이 아십니다.

공동체를 향한 섬김과 희생

사도 바울이 로마 감옥에 갇힌 것에 관한 세 번째 해석을 내놓습니다.

> "내가 그 둘 사이에 끼었으니 차라리 세상을 떠나서 그리스도와 함께 있는 것이 훨씬 더 좋은 일이라 그렇게 하고 싶으나 내가 육신으로 있는 것이 너희를 위하여 더 유익하리라"(빌 1:23-24).

그는 그리스도와 함께 있을 수만 있다면 당장이라도 죽기를 바라는 사람입니다. 그만큼 그에게는 그리스도와의 관계가 가장 큰 기쁨이기 때문입니다. 그리스도를 위한 삶에는 육신의 고통과 세상의 박해가 뒤따릅니다. 살아서 그리스도를 만나는 것도 기쁜 일이지만, 죽어서 천국에 간다면 더욱 기쁠 것입니다. 그가 그토록 사랑하는 그리스도를 실제로 뵙고, 그 품에서 영원한 안식에 들어갈 수 있을 것이기 때문입니다. 그는 언제라도 그리스도를 만날 준비가 되어 있습니다. 그러니 사형 선고가 내려진다고 해도 두려울 게 없습니다.

하지만 '그리스도와 함께 있을 욕망'을 품은 그의 발목을 붙잡는 것이 있습니다. 무엇입니까? 바로 그의 영적 가족과 영적 자녀들의 존재입니다. 빌립보교회뿐 아니라 그가 개척한 여러 교회를 생각하면 자기가 원하는 대로 살거나 죽거나 할 수 없습니다. 그는 자신의 솔직한 심정을 빌립보교회 성도들에게 전합니다.

바울은 자기 자신보다도 성도들을 더 사랑한 목회자입니다. 믿지 않는 유대인들을 대신하여 지옥에 갈 수 있다고 말할 정도로 그의 영혼 사랑은 대단합니다. 그는 그리스도를 위해 죽기를 각오한 것처럼 사는 것도 '오직 그리스도를 위해서!'라고 외칩니다. 그리스도를 위해 산다는 것은 그분이 사랑하시는 영혼들을 구원하기 위해 산다는 뜻입니다. 그가 고통을 감내하며 살아가는 것이 성도들에게 유익이 된다면 한 명이라도 더 구원하기 위해, 한 명이라도 더 양육하기 위해 그렇게 가고 싶어 하는 천국도 뒤로 미루고 기꺼이 살 것입니다. 이 얼마나 자기희생적인 사랑입니까?

얼마 전에 충청도에서 목회하는 친구 목사의 교회에서 설교한 적이 있습니다. 12년 전에 개척해서 3년 만에 사례비를 받았을 정도로 정말 어렵게 목회해 왔습니다. 첫 사례비 80만 원을 받고 그렇게 울었다고 합니다. 고생 끝에 낙이 온다고, 자녀가 셋인데 큰딸이 이번에 공주교대에 들어갔다고 합니다. 학원 한번 보내지 못했다는데, 기특합니다. 그런가 하면, "고생은 주야 고생"이라는 말처럼 고생에 고생을 더하는 일도 겪었다고 합니다. 여러 교회를 전전하던 성도가 들어와 자리 잡고 중직자가 되었는데, 교회가 어렵게 성장해 가는 마당에 또 교회를 어렵게 하고 떠난 것입니다. 그런데도 친구 목사는 떠난 성도의 영혼을 위해 무릎을 꿇고 기도했다고 합니다.

'내 몸에서 그리스도가 존귀하게 되게' 한다는 것은 무엇일까요? 주님께 끝까지 충성하고, 자기희생을 감수하고서라도 이웃을 사랑하며 살아가는 것이 아닐까요?

사람들은 이 땅에서 마치 천년만년 살 것처럼 착각하며 살아갑니다. 사실 우리 그리스도인들은 주님과 영원토록 함께 살게 될 사람들입니다. 그러나 육신의 삶은 그 기한이 정해져 있습니다. 그것은 누구나 다 똑같습니다. 이 세상에서 어떻게 살았는지가 저세상의 삶을 좌우하게 될 것입니다.

당신의 삶의 목적과 이유를 다시 한 번 돌아보십시오. '나는 주님이 부르시면 언제든지 달려갈 준비가 되어 있는가? 사람들의 칭찬이 아닌 주님의 칭찬을 받을 자신이 있는가? 내가 떠난 뒤에 남겨질 가족들이 주님을 끝까지 믿고 따를 수 있도록 모범이 되고 있는가? 나는 주님처럼 자기희생적인 사랑을 하고 있는가?'

기뻐하고 기뻐하는 이유

요즘은 교회든 단체든 다양한 프로그램이나 활동을 통해 전도하는 추세입니다. 1세대 교인들은 모이면 예배와 기도, 흩어지면 전도하는 군더더기 없이 단순한 신앙생활을 했습니다. 그때는 모든 것이 분명했습니다. 그러나 시대가 바뀌고 세상이 복잡해짐에 따라 전도 방법도 시절에 맞게 달라지고 있습니다. 새로운 시도는 좋은 것입니다. 그러나 절대 잊지 말아야 할 것이 있습니다. 바로 전도란 그리스도를 전하는 일이라는 사실입니다. 설교에서 그리스도가 빠진다면, 그것은 팥소를 넣지 않은 팥빵처럼 목적을 상실한 강론에 불과합니다. 그리스도가 없는 교회는 빈껍데기에 불과합니다. 결혼식이 아무리 호화스러워도 신랑이 나타나지 않는다면 무슨 소용이 있겠습니까?

전도에 열심인 사람들이 있는가 하면, 그리스도의 이름을 빌려 자신들의 이야기를 하는 무리도 있습니다. 그들은 그리스도의 이름으로 사람들을 정죄하고, 심판하고, 헐뜯습니다. 바울이 그런 무리를 본다면 무슨 말을 할까요? 그리스도의 이름을 내세우면서도 복음을 온전히 전파하지 않고 정치 문제를 어젠다(agenda) 삼아 헌금이나 걷는 행실을 보면서 잘했다고 칭찬할 리 없습니다. 더 나아가 주님도 칭찬하시지 않을 것입니다.

우리에게는 분별력이 필요합니다. 개인의 정치적 성향은 존중하되 그리스도의 이름을 추하게 만들지는 말아야 할 것입니다. 그리스도의 이름으로 한다면서 실제로는 그리스도의 이름을 가리고 있지는 않은지 스스로 돌아보십시오. 항상 겸손해야 합니다. 우리의 연약함을 아시는 주님이 겸손한 자에게 자비를 베풀어 주십니다.

앞서 소개한 친구 목사는 매년 유언장을 새로 쓴다고 합니다. 건강상 문제가 있어서 그런 것이 아닙니다. 주님이 세우신 교회를 목숨 걸고 사랑하기 위해서 쓰는 것입니다. 유언장을 닥치는 대로 쓰는 사람은 없을 것입니다. 생각하고 또 생각하며 써 내려갈 것입니다. 특히 자녀들에게는 자신이 어떻게 살아왔는지를 들려주며 그들의 미래를 위한 조언까지 남길 것입니다. 남아 있는 사람들에게 해 주고 싶은 말을 신중히 골라 쓸 것입니다. 왜냐하면 유언장은 내가 죽은 다음에 나를 대신하는 말이 되기 때문입니다.

사도 바울은 로마 황제의 심판을 기다리면서 그가 사랑하는 빌립보 교인들에게 편지를 쓰고 있습니다. 이 편지는 그의 유언장과도 같습니다. 바울은 이 세상에 아무런 미련이 없습니다. 주님이 부르시면 언제든지 떠날 준비가 되어 있습니다. 늘 죽음을 염두에 두고 살아가는 사도 바울의 고백에 귀 기울여 보십시오. 그는 "무슨 방도로 하든지 전파되는 것은 그리스도니 이로써 나는 기뻐하고 또한 기뻐하리라"(빌 1:18)라고 고백합니다.

그가 기쁜 이유는, 자신이 감옥에 갇힘으로써 그리스도의 복음이 감옥 내부로는 로마인들에게, 외부로는 빌립보 지역 사람들에게 더욱 전파되고 있음을 알았기 때문입니다. 비록 자유를 잃고, 명예를 잃고, 사람까지 잃었다 할지라도 말입니다. 혼자서 전도할 때보다 복음 전도가 오히려 세 배 이상 효율적으로 이루어지는 것을 보고 만족하며 기뻐하는 바울입니다. 사도 바울의 유언장은 그리스도와 복음의 흔적으로 짙게 물들어 있습니다.

"오직 너희는 그리스도의 복음에 합당하게 생활하라 이는 내가 너희에게 가 보나 떠나 있으나 너희가 한마음으로 서서 한 뜻으로 복음의 신앙을 위하여 협력하는 것과 무슨 일에든지 대적하는 자들 때문에 두려워하지 아니하는 이 일을 듣고자 함이라 이것이 그들에게는 멸망의 증거요 너희에게는 구원의 증거니 이는 하나님께로부터 난 것이라 그리스도를 위하여 너희에게 은혜를 주신 것은 다만 그를 믿을 뿐 아니라 또한 그를 위하여 고난도 받게 하려 하심이라 너희에게도 그와 같은 싸움이 있으니 너희가 내 안에서 본 바요 이제도 내 안에서 듣는 바니라"(빌 1:27-30).

3.
복음에 합당한 삶

고난을 특별한 은혜로 받아들이고 있는가?

그리스도의 이름만이 존귀하게 됨을 소원하는 사도 바울은 그리스도께 언제든지 달려갈 준비가 되어 있지만, 이 땅의 영혼들을 사랑하므로 자신의 매임으로 말미암아 그리스도의 복음이 더욱 전파됨을 기뻐합니다. 그런 그가 사랑하는 빌립보 교인들에게 부탁합니다.

"오직 너희는 그리스도의 복음에 합당하게 생활하라"
(빌 1:27상).

짧은 문장이지만 마디마디가 묵직하고 중요한 내용입

니다. '오직'이란 '무슨 일이 있든지, 어떤 상황에서든지'를 의미합니다. 오직 무엇을 하라고 합니까? '그리스도의 복음에 합당하게' 살라고 말합니다! 바울은 목숨을 걸고 '그리스도의 복음'을 외치고 있습니다. 이 세상 무엇과도 바꿀 수 없는 복음입니다. 그의 발언은 성도들의 기준을 한껏 높여 주고 있습니다. 무엇에 '합당하게' 살기란 쉬운 일이 아니기 때문입니다.

오직 그리스도의 복음에 합당하게 산다는 것은 무엇일까요? 사도 바울이 말하고자 하는 '기준'이 무엇인지 알아보고자 합니다.

한마음, 한뜻으로 힘껏

그리스도의 복음에 합당한 삶의 첫 번째 기준은, '한마음' '한뜻'으로 복음을 전하는 것입니다.

> "너희가 한마음으로 서서 한뜻으로 복음의 신앙을 위하여 협력하는 것과"(빌 1:27하).

그리스도의 복음을 믿는 사람들이 모이면 가장 두드러

지게 나타나는 특징이 바로 '하나 됨'입니다. 왜냐하면 우리에게 동일한 영이 역사하시기 때문입니다. 무엇을 위해 역사하실까요? 복음의 진보를 위해 역사하십니다. 누구를 통해 역사하십니까? 그리스도의 몸 된 교회와 지체 된 성도들을 통해 역사하십니다.

사도 바울은 빌립보서뿐 아니라 다른 서신에서도 하나 됨을 강조했습니다. 하나 됨이 왜 그리 중요할까요? 하나 됨 없이는 굳게 설 수 없기 때문입니다. 우리 몸만 봐도 그렇습니다. 다리 하나로 설 수 있습니까? 예, 힘들긴 하지만 설 수 있습니다. 그런데 누가 밀면 어떻게 됩니까? 비틀거리며 껑충껑충하다 겨우 중심을 잡고 설 것입니다. 그래도 넘어지진 않습니다. 하지만 반복적으로 밀면 어떻게 되겠습니까? 결국 힘에 부쳐 주저앉고 말 것입니다. 아무리 밀어도 넘어지지 않고 굳건히 버티려면 목다리가 필요합니다. 목다리가 몸과 하나 되어 받쳐 주면, 외다리로도 굳건히 설 수 있습니다.

우리가 한 영과 한마음으로 굳게 서지 않으면 복음의 능력을 나타내기가 어렵습니다. 아무리 아름다운 말로 복음을 전하고 다양한 은사를 자랑한다 해도 성도들 간에 성령의 하나 됨이 없다면 믿지 않는 자들도 느낍니다.

'아, 이들이 전하는 복음은 그저 실속 없는 말뿐이구나.'

사실 한국 교회가 회개해야 할 부분이 바로 이것입니다. 언제부터인가 세상 사람들에게 교회는 하나 됨보다는 분열의 상징이 되었습니다. 하나 되지 않음으로써 교계가 무너지고 있습니다.

하나 됨이란 획일화를 의미하는 것이 아닙니다. 마음이 하나 되어 서로 협력하는 것을 말합니다. 바벨탑도 하나 됨의 상징입니다. 그러나 그 목표가 그릇되었기에 끝내 무너지고 말았습니다. 그리스도인의 하나 됨의 목표는 복음의 진보입니다. 때로는 복음을 위해 자신의 다름을 내려놓아야 하기도 합니다. 즉 하나가 되기 위한 희생이 요구되기도 한다는 뜻입니다. 이것은 앞으로 살펴볼 빌립보서 2장에 자세히 나와 있습니다. 이것은 빌립보서의 핵심 주제 중 하나이기도 합니다.

그러면 어느덧 분열의 상징이 된 한국 교회가 다시 하나 되기 위해서는 무엇을 해야 할까요? 먼저, 회개해야 합니다. 회개하지 않으면 하나 됨이 없습니다. 회개하지 않으면 오해의 벽을 허물 수 없습니다. 하나 됨은 한국 교회와 교단이 풀어야 할 큰 숙제입니다.

크게 보면 머리가 아플 수도 있지만, 작게 보면 그리 어려운 일도 아닙니다. 나부터, 우리 교회부터 하나 될 수 있도록 회개하며 기도하면 됩니다. 그러면서 여러 교단과 지역 교회들과 기독 학교들이 하나 될 수 있도록 힘써 기도해야 합니다. 그리할 때 동일하게 역사하시는 성령님이 우리 한국 교회를 불쌍히 여기고 강하게 역사하시어 하나 되게 하실 것을 믿습니다. 그때 비로소 세상이 우리를 통해 하나님을 보게 될 것입니다.

사도 바울은 하나 됨을 매우 중히 여겼습니다. 복음 사역의 기초이자 근간이 되기 때문입니다. 그는 하나 됨을 통해 복음의 능력을 나타내지 못하면 사역이 어려워진다는 것을 잘 알고 있었습니다. 그래서 한 영과 한마음으로 하나 되기를 간절히 호소합니다.

어떻게 보면 참으로 다행한 일 아닙니까? 만약 복음에 합당한 삶의 기준이 도덕적으로 완벽한 삶이라면, 그 기준에 미칠 사람은 아무도 없을 것입니다. 그러나 복음을 위해 성도들이 한마음으로 움직이는 것이 곧 '그리스도의 복음에 합당하게 생활'하는 것이라면, 우리도 충분히 할 수 있지 않겠습니까?

고난에 담대히 동참하는 믿음

두 번째 기준은, 담대하게 세상을 이기는 것입니다. 하나님은 우리가 회개에서 멈추기를 원치 않으십니다. 그래서 철저한 회개 뒤에는 놀라운 회복을 선물로 주십니다. 바로 이때 주님이 주시는 강하고 담대한 힘이 우리 안에 솟아나는 것을 경험합니다. 자기 자신과 공동체의 죄, 민족과 인류의 죄를 깊이 깨닫고 하나님 앞에 내려놓을 때, 하나님이 확실한 구원을 약속해 주십니다. 그럼으로써 우리는 세상을 이기는 강하고 담대한 믿음으로 나아갈 수 있습니다.

사도 요한은 "무릇 하나님께로부터 난 자마다 세상을 이기느니라 세상을 이기는 승리는 이것이니 우리의 믿음이니라 예수께서 하나님의 아들이심을 믿는 자가 아니면 세상을 이기는 자가 누구냐"(요일 5:4-5)라고 말했습니다. 그렇습니다. 우리는 세상을 이긴 자들입니다. 우리가 하나되어서 복음 위에 굳게 설 때, 복음을 대적하는 자들이 오히려 놀라게 될 것입니다. 그 어떠한 일에도 우리는 두려워하거나 떨지 않을 것이기 때문입니다. 그 어떤 협박이나 유혹이나 박해도 통하지 않는 사람을 보면 놀랍지 않습니까?

"무슨 일에든지 대적하는 자들 때문에 두려워하지 아니하는 이 일을 듣고자 함이라 이것이 그들에게는 멸망의 증거요 너희에게는 구원의 증거니 이는 하나님께로부터 난 것이라"(빌 1:28).

복음을 위한 담대함이 있습니까? 혹시 내 주장과 자존심을 내세울 때만 담대한 것은 아닙니까? 최근 몇 년 동안 개신교가 세상으로부터 너무나 많은 비난과 공격을 받아왔고, 지금도 받고 있습니다. 그렇다고 구석에 웅크리고만 있으면 안 됩니다. 두려워하지 마십시오. 복음을 위해 가던 길을 묵묵히, 꾸준하게 가기를 바랍니다. 대적이 공격해 와도 되갚지 말고, 오직 복음을 힘껏 지키십시오. 그리하면 그들이 빠르면 이 땅에서, 늦으면 저세상에서 비로소 진리를 알게 될 것입니다.

그리스도의 고난을 영광으로 여김

그리스도의 복음에 합당한 삶의 세 번째 기준은, 그리스도의 고난을 영광으로 여기는 것입니다.

"그리스도를 위하여 너희에게 은혜를 주신 것은 다만 그를 믿을 뿐 아니라 또한 그를 위하여 고난도 받게 하려 하심이라 너희에게도 그와 같은 싸움이 있으니 너희가 내 안에서 본 바요 이제도 내 안에서 듣는 바니라"(빌 1:29-30).

사도 바울이 실라와 함께 전도 여행을 할 때 빌립보에서 어떤 일이 있었습니까? 자색 옷감 장수 루디아의 집에 유하며 복음을 전했는데, 점치는 귀신 들린 여종이 그들을 수일간 따라다니면서 훼방했습니다. 어찌나 시달렸던지, 급기야 바울이 그 여종 안에 있는 귀신을 예수 그리스도의 이름으로 내쫓고야 말았습니다. 그랬더니 점치는 여종 덕분에 벌이가 쏠쏠했던 주인들이 바울과 실라를 잡아다가 이들이 로마의 법에 어긋나는 일을 한다면서 고발했습니다. 바울과 실라는 변명할 틈도 없이 옷이 찢기고, 호되게 매를 맞았습니다. 그러고는 감옥에 갇히는 신세가 되었습니다.

그런데 그다음에 어떤 일이 벌어졌습니까? 발에 차꼬가 채워진 채로 깊은 감옥에 갇힌 바울과 실라가 기도하며 찬양하자 홀연히 큰 지진이 나서 감옥 문이 열리고, 모든 사람의 매인 것이 다 벗겨졌습니다. 옥문이 열린 것을 보고 놀란 간수가 겁에 질려 자결하려고 하자 바울이 크게 소리질러 말렸고, 그 밤에 간수에게 복음을 전해서 그와 온 집이 세례를 받아 구원을 얻게 했습니다.

날이 새자 혐의점을 발견하지 못한 관리들이 부하를 보

내 그들을 풀어 주려 했습니다. 하지만 바울이 로마 시민권자임을 밝히며 항의했고, 이로써 두려움에 떨게 된 관리들이 직접 찾아와 성에서 떠나기를 청했다는 이야기는 매우 유명한 사건입니다.

로마 제국의 식민지인 빌립보는 유대인 회당이 없을 정도로 생소한 이방 도시였고, 그곳 사람들은 제국의 시민권자로서의 자부심이 대단했습니다. 그러나 빌립보 교인들은 바울과 실라의 이야기를 익히 들어 알고 있었습니다. 그들 중에는 바울처럼 복음 때문에 억울하게 옥살이해 본 사람도 있을 것이고, 지금 갇혀 있는 사람도 있을 수 있습니다. 그들에게 사도 바울이 "그리스도를 믿는 것도 하나님의 은혜요, 그리스도의 고난에 동참하는 것도 하나님의 은혜!"라고 말합니다. 그리스도인에게 고난은 오히려 특별한 은혜요, 특권이라는 것입니다. 우리의 구원이 그렇듯이, 고난은 아무에게나 주어지는 것이 아니라 선택받은 성도들에게 은혜로 주어지는 것입니다. 잘못해서 스스로 받는 고통 말고, 그리스도의 복음을 위해 받는 고난은 하나님의 귀한 선물임을 믿으십시오. 그리고 하나님이 그 고난을 이길 힘도 선물로 주실 것을 믿기 바랍니다.

고난을 좋아하는 사람은 아무도 없을 것입니다. 고난을 죄인에게 주어지는 나쁜 것으로 여긴다면 더욱 싫을 것입니다. 그런데 사도 바울이 고난에 관한 우리 사고의 한계를 깨뜨려 버립니다. 복음에 합당한 고난은 그리스도인이라면 당연히 겪어야 하는 것이며, 오히려 복되고 은혜로운 선물이라고 말합니다. 이것이 바로 성경적 가치관입니다.

선한 일을 힘껏 도모하라

얼마 전 교보문고에 가서 우연히 발견한 책이 있습니다. 이지성 작가가 쓴 《에이트》(차이정원)라는 책입니다. '인공지능에게 대체되지 않는 나를 만드는 법'이라는 부제가 달렸는데, 말 그대로 여덟 가지 방법을 제안하는 책입니다. 단숨에 읽어 내릴 만큼 흥미로웠는데, 설교학 교수인 저에게 특히 인상 깊었던 내용이 있습니다.

미국 프린스턴신학대학원에서 설교학을 듣는 학생 40명을 대상으로 어떤 실험을 했습니다. 누가복음 10장의 '선한 사마리아인의 비유'에 관한 설교를 하게 한 것입니다. 단, 학생들은 별관의 한 강의실에 모여서 설교를 준비해야 하고, 15분마다 한 명씩 시험장이 있는 본관 건물로 이동해 시험관들 앞에서 설교해야 합니다. 그런데 학생들이 별관에서 본관으로 향할 때 길에 쓰러진 사람을 마주치게 했습니다. 자신이 설교해야 할 비유 속 사건과 똑같은 상황에 부딪힌 학생이 어떻게 반응하는지를 살펴보는 실험이었습니다. 40명 중 34명은 쓰러진 사람을 보고도 그냥 지나쳤고, 가던 길을 멈추고 도운 학생은 6명에 불과했다고 합니다. 34명은 지식과 기술은 있지만 공감 능력이 없으며, 6명만이 공감 능력이 있는 것으로 평가되었습니다.

그러나 저자는 인공지능 로봇이라면 34명이 한 일과 6명이 한 일을 모두 해낼 수 있다고 지적하며 이렇게 말합니다.

> 이 시대는 공감 능력이 있는 6명의 학생이 힘을 합쳐 학교 내에 고통받는 사람들을 돕기 위한 단체를 만들고 실제로 지역 사회에 영향을 미치기 시작한다면, 더 나아가 세계 각지의 신학교에 비슷한 단체를 만들어서 전 세계에 영향을 미치기 시작한다면, 또는 인류 역사에 영향을 미치는 위대한 이타주의의 삶을 살기 시작한다면, 어떻게 될까? 인공지능이 이러한 세 부류의 삶을 흉내라도 낼 수 있을까? 절대 불가능하다.[•]

어떤 사람은 이렇게 말할지도 모르겠습니다.

• 이지성, 《에이트》, 차이정원, p.133.

"그럼, 예수처럼 살라는 말이냐? 그래야만 인공지능에게 대체되지 않는다는 소리냐?"

여기에 대한 저자의 대답은 "아마도 그렇다"입니다. 저자는 인공지능을 깊이 연구한 사람을 만나 오랜 시간 이야기할 기회가 있었는데, 그 사람은 그리스도인이 아니었다고 합니다. 그런데 그의 입에서 "모든 인간은 궁극적으로 예수처럼 살아야 할지 모릅니다. 인공지능은 그런 삶을 흉내조차 낼 수 없을 테니까요"라는 말이 튀어나왔다고 합니다.

여기서 중요한 포인트는 두 가지입니다. 첫째, 인공지능에는 없는 공감 지능이 우리에게 있기는 하지만, 이것만으로는 인공지능에게 대체될 수 있으므로 모두 협력해서 선한 일을 도모해야만 미래에 살아남을 수 있다는 것입니다. 둘째, 이타적인 예수 그리스도야말로 시대를 거슬러 가는 중요한 인재상이라는 사실입니다. 이 두 가지 사실을 사도 바울이 이미 2천 년 전에 빌립보 교인들에게 가르쳐 주고 있으니, 진리는 불변함을 알 수 있습니다.

끝으로, 사도 바울이 제시한 기준을 모두 만족시키며 그리스도의 복음에 합당하게 살다 간 한 사람을 소개하고자 합니다. 독일 교회가 복음을 위해 하나 되지 못한 시대에 살았던 디트리히 본회퍼(Dietrich Bonhoeffer)입니다. 그는 신학자이면서 동시에 정치범이었습니다. 그리스도인들조차 히틀러를 향해 손을 들며 숭배할 때, 그는 담대하게 반대했습니다. 나아가 히틀러 제거 작전에 참여했습니다. 암살까지 시도한 그의 선택이 옳았다고 할 수는 없지만, 히틀러를 독일을 구원할 구세주로 떠받들도록 부추기는 분위기 속에서 반대 목소리를 낸 것은, 그가 자신의 신앙을 지키기 위해 굳게 서서 복음에 합당한 삶을 살려고 노력한 증거라고 할 수 있습니다.

〈선한 능력으로〉라는 찬양을 한 번쯤 들어 봤을 것입니다. 독일 교회에서 사랑받는 찬송가로, 히틀러 정권에 맞서 반나치 운동을 펼치다가 1945년 39세의 젊은 나이에 교수형으로 순교한 본회퍼 목사의 마지막 신앙 고백이자 찬송시입니다. 시의 원제목은 〈1945년, 신년에〉(Neujahr 1945)입니다. 감옥에 수감 중이던 1944년 말, 머지않아 사형될 것을 직감한 본회퍼 목사는 새해를 맞이하는 마음으로 시를 써서 약혼녀에게 편지를 보냈다고 합니다. 이 시에 독일의 작곡가 지크프리트 피에츠(Siegfried Fietz)가 곡을 붙였습니다.

<선한 능력으로>

선한 능력에 언제나 고요하게 둘러싸여서
보호받고 위로받는 이 놀라움 속에
여러분과 함께 오늘을 살길 원하고,
여러분과 함께 새로운 한 해를 맞이하길 원합니다.

선한 능력에 우리는 너무 잘 보호받고 있으며
믿음으로 일어날 일들을 기대합니다.
하나님은 아침이나 저녁이나 우리 곁에 계십니다.
또한 매일의 새로운 날에 함께하십니다.

옛것이 우리 마음을 여전히 괴롭히고
어두운 날들의 무거운 짐은 여전히 우리를 누르지만,
아, 주님! 불안에 떠는 우리 영혼에
당신이 준비해 놓으신 구원을 주십시오.

당신이 우리 어두움 속으로 가져오신 그 초들이

오늘 밝고 따뜻하게 타오르게 해 주십시오.

우리가 다시 하나 되게 해 주십시오

우리는 압니다. 당신의 빛이 밤을 비추고 있음을.

“그러므로 그리스도 안에 무슨 권면이나 사랑의 무슨 위로나 성령의 무슨 교제나 긍휼이나 자비가 있거든 마음을 같이하여 같은 사랑을 가지고 뜻을 합하며 한마음을 품어 아무 일에든지 다툼이나 허영으로 하지 말고 오직 겸손한 마음으로 각각 자기보다 남을 낫게 여기고 각각 자기 일을 돌볼뿐더러 또한 각각 다른 사람들의 일을 돌보아 나의 기쁨을 충만하게 하라 너희 안에 이 마음을 품으라 곧 그리스도 예수의 마음이니 그는 근본 하나님의 본체시나 하나님과 동등됨을 취할 것으로 여기지 아니하시고 오히려 자기를 비워 종의 형체를 가지사 사람들과 같이 되셨고 사람의 모양으로 나타나사 자기를 낮추시고 죽기까지 복종하셨으니 곧 십자가에 죽으심이라 이러므로 하나님이 그를 지극히 높여 모든 이름 위에 뛰어난 이름을 주사 하늘에 있는 자들과 땅에 있는 자들과 땅 아래에 있는 자들로 모든 무릎을 예수의 이름에 꿇게 하시고 모든 입으로 예수 그리스도를 주라 시인하여 하나님 아버지께 영광을 돌리게 하셨느니라”(빌 2:1-11).

4.

십자가를 지신 겸손의 왕

그리스도의 몸 된 교회로서 하나 되고 있는가?

미국의 영화감독 프란시스 F. 코폴라(Francis F. Coppola)의 대표작 〈대부〉의 한 장면입니다. 마피아 두목들이 모여 충성을 맹세하는 의식을 가집니다. 그들은 한 가족으로서 하나 되어 절대로 불순종하지 않겠다고 맹세합니다. 결혼 서약보다도 더 엄숙한 서약입니다. 두목들이 한 명씩 칼로 자기 손가락을 베어 피를 내고는 컵에 한데 모은 후 돌아가면서 그 피를 마십니다. 이로써 그들은 피로 하나가 되었습니다. 절대로 싸우지 않을 것이며 배신하지도 않을 것이라고 맹세합니다. 분위기만 보면, 정말 이보다 더 엄숙한 하나 됨은 없을 것입니다. 그러나 불과 며칠도 지나지 않아서 별일 아닌 것 가지고 서로 싸우다가 두 명 빼고 다 죽습니다.

분열은 두 가지 종류가 있습니다. 외부적인 요소로 인한 분열과 내부적인 요소로 인한 분열입니다. 외부의 적으로 인해 일어난 분열은 남 탓이라도 할 수 있지만, 내부 분열은 누구를 탓하겠습니까? 조직이 한번 뒤집히고 나면 회복이 어렵고, 그만큼 상처가 깊습니다. 겪어 본 사람은 알 것입니다. 우리나라 역사를 보면, 내부 분열이 얼마나 치명적인 결과를 가져오는지 알 수 있습니다. 구한말을 보십시오. 결국 우리는 내부 분열로 나라를 잃고 말았습니다. 물론 이는 비단 한국의 문제만은 아닐 것입니다.

제가 목회자가 되겠다고 결단하고 개신대학교에 입학한 지 24년이 흘렀고, 교수가 되어 태평양을 건너 돌아온 지 13년이 지났습니다. 모든 것이 하나님의 은혜입니다. 그동안 수많은 설교를 해 왔지만, 빌립보서 2장은 여간해서는 설교하고 싶지 않은 본문입니다. 왜냐하면 말씀대로 살기가 쉽지 않기 때문입니다. 날마다 예수 그리스도 안에서 죽지 않으면 제 자아가 머리를 쳐들고 올라옵니다. 제 안의 내적 분열입니다.

바울 시대에도 교회의 내부 분열 문제가 심각했습니다. 빌립보교회에서는 유오디아와 순두게라는 두 여인이 쌍벽을 이루어 겨루었던 것으로 보입니다(빌 4:2-3). 지금으로 치면, 대가 센 권사님 두 분이 서로 굽히지 않고 맞서는 형국을 그려 볼 수 있을 것입니다. 당시 교회를 향한 외부의 박해가 거세어 그러잖아도 성도들이 힘들어하는데, 내부 분열까지 일어나니 바울의 마음이 얼마나 아팠겠습니까?

빌립보교회를 생명과 같이 사랑한 바울은 편지로 그들을 타이르는 한편 단호하게 가르쳤습니다. 그도 하나 됨이 결코 쉬운 일이 아님을 알지만, 그리스도인은 마땅히 하나가 되어야 한다고 힘주어 말합니다. 왜 하나 되어야 합니까? 그리스도의 복음을 위한 일이기 때문입니다. 그는 빌립보 교인들이 복음을 위해 한마음, 한뜻으로 협력하기를 바라며 하나 됨의 핵심 비결과 모범을 가르쳐 줍니다.

예수 그리스도와 하나 됨

첫 번째 비결은, 먼저 나 자신이 예수 그리스도와 하나 되는 것입니다. 그래야 다른 성도들과도 하나 될 수 있습니다.

> "그러므로 그리스도 안에 무슨 권면이나 사랑의 무슨 위로나 성령의 무슨 교제나 긍휼이나 자비가 있거든 마음을 같이하여 같은 사랑을 가지고 뜻을 합하며 한마음을 품어"(빌 2:1-2).

2장은 1장 후반부 내용을 이어받아 '그러므로'로 시작합니다. 여기서 바울은 성도와 예수 그리스도의 관계야말로 하나 됨의 기본임을 강하게 호소합니다. 영어 성경(NIV)을 보면, 1절 한 구절에 '만일, 만약'이라는 뜻의 'if'를 네 번이나 썼습니다. 이를 우리말로 직역하면 다음과 같을 것입니다.

"만일 너희에게 그리스도 안에서 권면이 조금이라도 있다면, 만일 너희에게 사랑의 격려가 조금이라도 있다면, 만일 너희에게 성령의 교제가 조금이라도 있다면, 만일 너희에게 불쌍히 여김이나 인애가 조금이라도 있다면…."

이것은 단순한 가정문이 아니라, 사실은 답이 뻔한 질문입니다. "예수 그리스도께 속한 것이 너에게도 의미가 있는가?"라고 묻는 셈이기 때문입니다. 답은 "물론!"일 것입니다. 그리스도께서는 우리가 하나 되기를 원하십니다. 그래서 그렇게 할 수 있도록 우리를 권면하며 격려해 주겠다고 약속하십니다. 그러므로 우리가 하나 되지 못한다면, 그것은 그리스도의 뜻보다 자신의 뜻을 우선시한 탓입니다.

또 이것은 "하나님의 사랑이 너에게 중요한가?"라고 묻는 셈입니다. 답은 "그렇다"일 것입니다. 그분의 사랑을 진정으로 체험해 보았습니까? 예수님을 구세주로 영접한 사람이라면 그 사랑의 의미를 조금이라도 알 것입니다. 하나님은 우리가 아직 죄인 되었을 때 우리를 사랑하여 구원해 주셨습니다. 이제는 우리에게 "네 이웃을 네 자신같이 사랑하라"(마 22:39)라고 명령하며 하나님 사랑의 통로가 되라고 하십니다.

또 이것은 "성령의 역사하심을 삶에서 체험하는가?"라고 묻는 셈입니다. 새로 거듭난 성도라면 당연히 "그렇다"라고 대답할 것입니다. 성령님과의 교제는 자연스럽게 성도들과의 교제로 이어집니다. 달리 말하자면, 성도들과의 교제가 없는 것은 성령님과의 교제가 없음을 방증하는 것입니다. 혹시 주변 사람들과 사이가 좋지 않거나 다른 사람들과 교제하기가 꺼려집니까? 성령님은 분열시키는 분이 아니라, 함께하도록 역사하시는 분입니다. 성령님과의 교제를 통해 그 역사하심을 체험하기를 간구합니다.

마지막으로, 이것은 "하나님의 긍휼하심을 아는가?"라고 묻는 것과도 같습니다. 하나님의 자녀라면 그 긍휼하심과 자비하심을 경험한 적이 있을 것이고, 지금도 체험하고 있을 것입니다. 우리는 예배 때마다 이렇게 기도합니다.

> "우리가 우리에게 죄지은 자를 사하여 준 것같이 우리 죄를 사하여 주시옵고"(마 6:12).

정말로 자신이 기도한 대로 살고 있습니까? 바울은 빌립보 교인들에게 예수 그리스도를 체험한 삶의 감격을 거듭 떠올리라고 말합니다. 즉 예수 그리스도를 만났다면, 하나님의 사랑을 맛보았다면, 성령님과 교제한다면 하나 되지 않을 이유가 없다는 것입니다.

우리는 예수 그리스도와 하나 됨으로써 그리스도 안에서 형제자매와 하나 될 수 있습니다. 물론 그리스도인이 되었다고 해서 하루아침에 하나 됨에 익숙해지는 것은 아닙니다. 나와 생각이 다른 사람을 인정하기란 쉽지 않은 것이 사실입니다. 그러나 예수님을 만나기 전에는 하나 됨이 무엇인지 몰랐을지라도 지금은 변명할 수가 없습니다. 사도 바울이 그리스도와 그리고 성도 간의 하나 됨에 관해 끊임없이 가르치고 있기 때문입니다.

주님은 그리스도인으로 사는 것이 쉽다고 말씀하신 적이 없습니다. 예수님은 "누구든지 나를 따라오려거든 자기를 부인하고 자기 십자가를 지고 나를 따를 것이니라" (마 16:24)라고 말씀하셨습니다. 우리는 각자 자기 십자가를 지고 주님을 좇는 동시에 다른 성도들과 하나 됨을 이루어야 합니다. 어떻게 해야 각기 다른 생각을 지닌 성도들이 하나 될 수 있을까요? 두 번째 비결을 알아보겠습니다.

나보다 남을 낫게 여김

그리스도인이 하나 됨을 이루는 두 번째 비결은, 겸손입니다.

> "아무 일에든지 다툼이나 허영으로 하지 말고 오직 겸손한 마음으로 각각 자기보다 남을 낫게 여기고 각각 자기 일을 돌볼뿐더러 또한 각각 다른 사람들의 일을 돌보아 나의 기쁨을 충만하게 하라"(빌 2:3-4).

바울은 겸손한 것과 겸손하지 않은 것을 구별합니다. '다툼이나 허영'은 겸손하지 않은 것입니다. '허영'이란 '분수에 넘치게 실속 없는, 필요 이상의 겉치레'를 말합니다. '다툼'은 영어 성경(NIV)에서 'selfish ambition'으로 번역되었는데, 직역하면 '이기적인 야심'이라고 할 수 있습니다. 생각해 보면, 모든 분열의 중심에는 이기적인 야심이 있습니다. 이것은 갈라디아서에 소개된 '육체의 일'에서도 찾아볼 수 있습니다.

> "육체의 일은 분명하니 곧 음행과 더러운 것과 호색과 우상 숭배와 주술과 원수 맺는 것과 분쟁과 시기와 분 냄과

당 짓는 것과 분열함과 이단과 투기와 술 취함과 방탕함과 또 그와 같은 것들이라"(갈 5:19-21).

이 중에서 '당 짓는 것'에 해당하는 영어 단어가 바로 'selfish ambition'입니다. 이처럼 이기적인 야심은 하나 됨을 파괴하는 죄 된 마음입니다. 야심(ambition)이 나쁜 것은 아닙니다. '이기적인'(selfish) 야심이 나쁩니다. 하나님이 주신 꿈과 비전이 아닌 자신의 욕망이나 이익을 추구하는 야심은 버려야 합니다.

그런가 하면 야심 중에서도 조직의 리더든 일원이든 상관없이 꼭 필요한 야심이 있습니다. 바로 '겸손한 야심'(humble ambition)입니다. 겸손은 그리스도인의 훌륭한 덕목입니다. 겸손한 야심을 품어야 진정한 지도자라고 할 수 있습니다. 하나님이 주신 꿈과 비전을 품은 야심이 곧 겸손한 야심입니다. 즉 자기 뜻이 아닌 하나님의 뜻을 이루기 위해 나아가고자 하는 마음입니다.

세상의 우선순위는 자기 자신이 제일 먼저이고, 그다음이 다른 사람들이고, 마지막이 하나님입니다. 성경적인 우선순위는 이와 정반대입니다. 하나님이 먼저, 그다음이 이웃, 마지막으로 자기 자신입니다. 그러므로 겸손한 야심이 있는 사람은 하나님의 뜻을 먼저 추구하고, 다른 사람들도 하나님의 뜻을 따라 살 수 있도록 돕습니다.

겸손은 위대한 그리스도인 지도자들, 곧 하나님의 일꾼들의 공통점입니다. 현대 선교의 아버지로 불리는 윌리엄 캐리(William Carrey)가 이런 말을 남겼다고 합니다. "내가 떠난 뒤, 윌리엄 캐리가 아닌 윌리엄 캐리의 구세주에 관해 말하기를…." 영국의 선교사이자 남아프리카 탐험가인 데이비드 리빙스턴(David Livingstone)도 스스로 교만해질까 봐 자신에 관한 칭송 문구나 글을 철저히 없앴다고 합니다.

세상 사람들은 윌리엄 캐리나 데이비드 리빙스턴을 보고 이상히 여기거나 비웃을지도 모릅니다. 지금은 SNS 시대이며, 유튜브 채널이나 인터넷 방송이 지상파 방송보다 더 많이 소비되는 시대이기 때문입니다. 사회인에게 자기 PR은 생존에 꼭 필요한 요소가 되었습니다. 그러니 세상 사람들에게는 겸손을 여전히 최고의 미덕으로 꼽는 교회의 가르침이 시대에 뒤떨어져 보일지 모릅니다.

그러나 그리스도인의 겸손은 연약한 인간의 비굴함이 아니라, 하나님의 영광을 나타내는 놀라운 능력입니다. 또한 하나 됨을 이루는 핵심 비결입니다.

그리스도 예수의 마음

세 번째 비결은, 예수님의 삶의 태도를 배우는 것입니다.

"너희 안에 이 마음을 품으라 곧 그리스도 예수의 마음이니"(빌 2:5).

이제 우리는 빌립보서의 핵심 문장에 도달했습니다. 바울이 이 말을 하기 위해 편지를 썼다고 해도 과언이 아닐 것입니다. 여기서 '마음'이란 '삶의 태도'를 의미합니다. 바울은 6절부터 8절까지 예수님의 삶의 태도에 관해 한 편의 시를 읊듯이 들려줍니다. 짧지만, 예수 그리스도의 신성과 인성뿐 아니라 창세 이전 하나님 되심부터 이 땅에서의 구원자의 사명과 장차 오실 왕의 모습까지 '예수님이 누구신가'에 관한 완벽한 요약이라고 할 수 있습니다. 게다가 현실에 집중되어 있는 우리의 시간 개념을 영원 전부터 영원 후까지 이어 주는 아름다운 문단입니다. 사도 바울은 예수님의 삶의 태도를 겸손과 자기희생과 순종으로 요약합니다.

세상에는 영웅에 관한 많은 신화가 있습니다. 대부분 예사롭지 않은 탄생 이야기로 시작하는데, 그 결말은 주로 어떻습니까? 왕국을 세우고, 막강한 권력을 자랑하며 백성 위에 군림하는 왕이 되지 않습니까? 당시 로마 황제는 위대한 왕을 넘어 '살아 있는 신'으로 숭배할 정도로 우상화되었습니다. 한낱 피조물에 불과한데 감히 신을 자처한 것입니다. 그런데 태초부터 계셨던 진짜 하나님, 곧 예수님은 이 땅에 와서 어떻게 하셨습니까? 자신을 낮추셨습니다. 심지어 역사상 가장 잔혹한 처형법으로 꼽히는 십자가에 달려 뭇사람의 손가락질을 받으며 죽기까지 하셨습니다. 대단히 충격적인 사건입니다.

만약 식당에서 밥을 먹는데 옆 사람이 방귀를 뀐다면 어떨까요? 밥맛이 조금 떨어질 것입니다. 그런데 오른쪽 테이블에서 길을 가다가 개똥을 밟았다는 얘기를 나눈다면 어떻겠습니까? 기분이 좀 더 안 좋아질 것입니다. 설상가상으로 왼쪽 테이블에서 웬 젊은 엄마가 아기의 설사 기저귀를 갈아 주기까지 한다면 어떻겠습니까? 정말로 당장 수저를 내려놓고 일어나 나가 버리고 싶을 것입니다.

당시 이스라엘 사람들에게 '십자가'는 이와 비교도 할 수 없을 정도로 혐오스러운 단어였습니다. 멀리서 보이기만 해도 눈을 돌려 피하고 싶고, 생각만 해도 끔찍한 것이었습니다. 십자가 처형은 절대로 겪어서는 안 될 일이었으므로 입에 올리기조차 꺼렸습니다. 그런데 안타깝게도 이제 십자가는 별 느낌이 없을 정도로 익숙하면서도 추상적인 개념이 되어 버렸습니다.

죄가 없는데도 우리 죄를 대속하기 위해 그 참혹한 십자가에 기꺼이 매달리신 '그리스도 예수의 마음'을 품으라는 것은 예수님이 사셨던 대로, 그 삶의 태도를 배우라는 것입니다. 그런데 이런 말을 들으면 속으로 어떤 생각을 하게 될까요? 누군가는 이렇게 생각할지도 모릅니다.

'예수님은 사람이 아니라 하나님이니 그러실 수 있었겠지요. 당연히 십자가 정도는 지실 수 있지 않았겠어요? 게다가 만물의 주인으로서 부족함이 없으니 남을 위해 희생하는 게 어려운 일도 아니셨겠지요. 하지만 저는 가진 게 별로 없는데다가 주변을 돌아볼 마음의 여유조차 없답니다. 그러니 제게 너무 무리한 요구는 하지 말아 주세요.'

그렇습니다. 인간은 받은 만큼 줄 수 있는 존재입니다. 하나님도 아십니다. 그래서 하나님은 예수 그리스도를 통해 우리에게 모든 것을 주셨습니다. 바울은 그리스도 안에 무슨 격려나 사랑의 위로나 성령의 교제나 불쌍히 여김이나 인애가 있거든 마음을 같이하여 한마음, 한뜻으로 그리스도 예수의 마음을 품으라고 말합니다.

그러나 예수님의 삶의 태도에 관한 바울의 아름다운 요약에 감동만 한다면 우리 신앙은 헛된 것입니다. 바울은 우리에게 이 마음을 품으라고 분명히 가르치고 있기 때문입니다. 헬라어 원문에 근거해서 정확히 표현하자면, '너희 가운데, 서로 간에 예수 그리스도의 마음과 태도를 베풀라'는 뜻입니다. 이는 한 개인의 마음이나 생각을 두고 하는 말이 아닙니다. 물론 개인의 신념도 중요하지만, 예수 그리스도를 닮겠다는 의지와 신념이 없이는 안 될 일입니다. 예수 그리스도의 삶의 태도를 성도 간에 서로 나타내라는 당부가 핵심입니다. 이를 뒤집어서 말하면, 예수님의 삶의 태도를 나타내지 않는 사람은 그리스도의 격려와 사랑과 위로와 교제와 불쌍히 여김과 인애를 알거나 경험하지 못한 사람이라는 것입니다.

하나 됨의 비결

천국과 지옥에 관한 유명한 예화가 있습니다. 어떤 사람이 천사의 안내를 받아 지옥을 방문했습니다. 그곳에는 커다란 식탁이 있었는데, 온갖 산해진미가 그릇마다 가득 차려져 있어 상다리가 휘어질 정도였습니다. 그런데 이상하게도 빙 둘러앉은 사람들은 하나같이 뼈대가 드러나 보일 정도로 앙상하게 말라 있었습니다. 가까이 다가가 보니 그들 손에는 자기 팔보다도 긴 젓가락이 들려 있어 음식을 집어 자기 입으로 가져가려 해도 번번이 실패하는 것이었습니다. 진수성찬을 앞에 두고도 제대로 먹는 사람이 아무도 없었습니다. 그러니 피골이 상접할 정도로 야윌 수밖에 없었던 것입니다.

이번에는 천국을 방문했습니다. 그곳에도 역시 어마어마하게 훌륭한 식탁이 차려져 있었는데, 빙 둘러앉은 사람들 사이에 웃음꽃이 피어나고 있었습니다. 그들 역시 자기 팔보다도 긴 젓가락을 손에 쥐고 있었지만, 음식을 집어 맞은편에 앉은 사람의 입에 넣어 주니 긴 젓가락 때문에 못 먹는 사람이 한 명도 없었습니다. 활기차게 대화를 나누며 음식을 먹은 덕분인지 모두 건강하고 행복해 보였습니다. 대화에는 감사가 넘쳤고, 할렐루야나 아멘 같은 감탄사가 자주 들려왔습니다.

이처럼 자기 욕심과 뜻을 내려놓고 상대방의 필요를 채워 줄 때 비로소 우리는 다 함께 행복을 누릴 수 있습니다. 하나 됨은 선택사항이 아닙니다. 자신을 낮추는 겸손이라는 미덕을 통해 우리는 하나가 되어야 하는 것입니다.

《잭 웰치의 마지막 강의》(알프레드 역간)라는 책이 있습니다. 잭 웰치(Jack Welch)는 미국의 기업인으로 제너럴일렉트릭(GE)을 세계적인 기업으로 성장시킨 '세기의 경영인'입니다. 그는 은퇴 후 2020년 사망하기 전까지 세계 곳곳을 누비며 열정적으로 강연 활동을 했습니다. 만나는 사람마다 그에게 조언을 구하곤 했는데, 약속이나 한 듯이 누구나 꼭 하는 질문이 있었다고 합니다.

"모두가 한마음으로 일하도록 하기가 너무 힘듭니다. 대체 이유가 무엇일까요?"

어느 조직이든 한마음, 한뜻이 되기란 무척 어려운 일입니다. 그러나 교회는 달라야 합니다. 그리스도인은 달라야 합니다. 우리는 예수 그리스도를 위해 하나 되어야 합니다. 복음의 진보를 위해 기꺼이 하나 되어야 합니다. 사도 바울이 하나 되는 비결을 한마디로 정리해 줍니다.

"너희 안에 이 마음, 곧 그리스도 예수의 마음을 품어라!"

“그러므로 나의 사랑하는 자들아 너희가 나 있을 때뿐 아니라 더욱 지금 나 없을 때에도 항상 복종하여 두렵고 떨림으로 너희 구원을 이루라 너희 안에서 행하시는 이는 하나님이시니 자기의 기쁘신 뜻을 위하여 너희에게 소원을 두고 행하게 하시나니 모든 일을 원망과 시비가 없이 하라 이는 너희가 흠이 없고 순전하여 어그러지고 거스르는 세대 가운데서 하나님의 흠 없는 자녀로 세상에서 그들 가운데 빛들로 나타내며 생명의 말씀을 밝혀 나의 달음질이 헛되지 아니하고 수고도 헛되지 아니함으로 그리스도의 날에 내가 자랑할 것이 있게 하려 함이라 만일 너희 믿음의 제물과 섬김 위에 내가 나를 전제로 드릴지라도 나는 기뻐하고 너희 무리와 함께 기뻐하리니 이와 같이 너희도 기뻐하고 나와 함께 기뻐하라”(빌 2:12-18).

5.

성화로 이어지는 구별된 태도

구원받은 자로서
두렵고 떨리는 마음이 있는가?

사도 바울은 앞서 내부 분열의 문제를 겪고 있던 빌립보 교인들에게 한마음, 한뜻으로 하나 되기를 당부하며 그리스도 안에서 하나 됨의 핵심 비결 세 가지를 가르쳐 주었습니다(빌 2:1-11). 이어지는 내용은 그중 세 번째 비결인 '예수님의 삶의 태도를 배우는 것'의 적용에 관한 것입니다. 그래서 12절은 '그러므로'로 시작합니다.

> "그러므로 나의 사랑하는 자들아 너희가 나 있을 때뿐 아니라 더욱 지금 나 없을 때에도 항상 복종하여 두렵고 떨림으로 너희 구원을 이루라"(빌 2:12).

이야기를 본격적으로 시작하기 전에 자칫 올바른 해석에 방해가 될 수 있는 요소부터 제거하겠습니다. '너희 구원을 이루라'라는 내용에 오해의 소지가 있기 때문입니다. 얼핏 보면 우리 손에 구원이 달려 있는 것처럼 보이지만, 이것은 우리말로 번역되는 과정에서 생긴 오해에 불과합니다. 이 부분을 영어 성경(NIV)으로 보면 'work out your salvation'인데, '구원은 이미 주어졌으니 그에 합당하게 행동하라'라는 뜻으로 이해하는 것이 옳습니다. 이러한 오해를 의식했는지 다른 영어 번역본(NASB)은 이 부분을 'do the good things that result from being saved'라고 풀어 기록했습니다. 즉 '구원받은 결과로 선한 일을 행하라'라는 뜻입니다.

구원받은 사람답게 살려면

문제는 구원의 은혜를 기억하고 날마다 감사하며 기쁘게 살아가는 사람이 얼마나 될까 하는 것입니다. 기도하지 않고, 겸손하지 않고, 성령님의 말씀에 순종하지 않는다면 아무리 성도라도 세상 사람들과 별다를 바 없이 살 수 있습니다. 바로 빌립보 교인들처럼 말입니다. 그래서 사도 바울은 신신당부합니다.

"내가 여러분 곁에 있을 때 여러분은 구원의 감격으로 살지 않았습니까? 비록 내가 곁에 없지만, 여러분은 구원받은 사람답게 두렵고 떨리는 마음으로 살아가기를 바랍니다."

'두렵고 떨리는 마음'이란 구원받지 못할까 봐 걱정하는 마음이 아니라, 하나님 앞에서 추하거나 부끄럽지 않게 살아가는 경건한 삶의 태도를 가리킵니다. 경건은 곧 영성입니다. 영성은 오늘 하루 하나님 앞에서 최선의 삶을, 주님 안에서 기쁘고 감사한 삶을, 성령님의 인도하심을 따라 아름다운 삶을 선택하는 것입니다.

바울은 당부에 이어 "너희 안에서 행하시는 이는 하나님이시니 자기의 기쁘신 뜻을 위하여 너희에게 소원을 두고 행하게"(빌 2:13) 하신다고 말합니다. 즉 구원하시는 이도 하나님, 주의 선하신 뜻을 품게 하시는 이도 하나님, 그 뜻을 행하게 하시는 이도 하나님임을 콕 짚어 말한 것입니다. 앞서 1장에서도 이와 똑같은 말을 한 적이 있습니다.

> "너희 안에서 착한 일을 시작하신 이가 그리스도 예수의 날까지 이루실 줄을 우리는 확신하노라"(빌 1:6).

하나님이 죄인 된 우리에게 구원을 주실 뿐만 아니라 우리로 하여금 당신의 기쁘신 뜻을 행하는 자가 되도록 이끌어 주신다니 얼마나 힘이 됩니까? 제아무리 착한 사람이라도 태어나서 죽을 때까지 죄짓지 않는 사람은 없습니다. 죄의 열매는 누구나 맺지만, 성령의 열매는 누구나 맺을 수 없습니다. 사람의 힘으로는 "사랑과 희락과 화평과 오래 참음과 자비와 양선과 충성과 온유와 절제"(갈 5:22-23)라는 성령의 열매를 맺을 길이 없습니다. 다만 '두렵고 떨림으로' 하나님을 의지하며 나아갈 때에야 비로소 성령의 열매를 맺을 수 있습니다. 하나님이 성령님을 통해 우리 안에 역사하신다는 약속 덕분에 가능한 일입니다.

그렇다면 '두렵고 떨림으로'라는 경건함의 자세를 우리 삶에서 구체적으로 어떻게 적용하면 좋을까요? 바울은 이렇게 조언합니다.

> "모든 일을 원망과 시비가 없이 하라 이는 너희가 흠이 없고 순전하여 어그러지고 거스르는 세대 가운데서 하나님의 흠 없는 자녀로 세상에서 그들 가운데 빛들로 나타내며 생명의 말씀을 밝혀 나의 달음질이 헛되지 아니하고 수고도 헛되지 아니함으로 그리스도의 날에 내가 자랑할 것이 있게 하려 함이라"(빌 2:14-16).

이 말씀의 적용 포인트를 세 가지로 정리할 수 있습니다.

모든 일을 원망과 시비가 없이 하라

사도 바울은 구원받은 사람답게 살려면 모든 일을 '원망'과 '시비'가 없이 하라고 조언합니다. 먼저, 무슨 일을 하든지 '원망'하거나 불평하지 말아야 합니다. 사회생활을 해 본 사람이라면 원망이나 불평 하나 없이 일을 처리하기란 여간 어려운 일이 아님을 알 것입니다. 어떻게 보면 아예 인간적으로 불가능한 일인지도 모릅니다. 그러나 분쟁의 시작을 찾아 거슬러 올라가 보면 대개 한 사람의 불평에서부터 시작된 경우가 많은 것을 알게 됩니다. 담뱃불 하나가 거대한 산불을 일으키는 것처럼 말입니다.

정치 현장을 봐도 그렇습니다. 당 대 당뿐 아니라 같은 당원들 사이에서조차 분쟁이 끊이지 않습니다. 그 시작은 언제나 그렇듯 불평불만입니다. 믿지 않는 사람들이 태반이니 어쩌면 그러려니 이해할 수도 있습니다. 그렇다면 믿는 사람들이 모여 있는 교회는 어떻습니까? 아쉽지만 교회도 마찬가지로 갖가지 분란을 겪어 왔습니다. 때로는 믿음이 좋다고 평가받는 장로나 안수 집사들이, 심지어 목회자가 분쟁의 당사자가 되기도 합니다. 그로 인해 영적인 거룩함을 좇는 교회가 세상의 법정에 서는 경우를 심심찮게 봐 왔습니다.

뭔가 마음에 안 들면 불평불만이 나오기 마련입니다. 처음에는 혼자서 구시렁구시렁하다가 마음이 맞는 사람들끼리 모여 불평하기 시작하면 하나의 세력이 형성됩니다. 성경에서 가장 대표적인 예가 바로 출애굽한 이후에 이스라엘 백성이 보였던 태도입니다. 하나님이 열 가지 재앙으로 애굽을 치고 종살이하던 이스라엘 백성을 해방해 주셨습니다. 그런데도 그들은 광야 생활 내내 홍해가 가로막는다고 불평하고, 마실 물이 없다고 불평하고, 고기가 없다고 불평하고, 만나가 맛없다고 불평했습니다. 마침내 약속의 땅 가나안에 도착해서는 어떻게 했습니까? 이제 들어가서 차지하기만 하면 되는데, 정탐꾼들의 말만 듣고 네피림 후손인 아낙 자손에 비하면 자신들은 메뚜기에 불과하다며 모세와 아론을 원망하고 차라리 애굽이나 광야에서 죽었으면 좋았겠다고 불평했습니다(민 13:31-14:2). 물론 그들은 모세와 아론에게 불평했지만, 궁극적으로는 여호와 하나님의 인도하심을 못마땅하게 여긴 셈입니다. 그 결과 이스라엘 백성은 불평의 대가를 혹독히 치러야 했습니다.

왜 그렇습니까? 불평은 불신의 표출이기 때문입니다. 이스라엘 백성은 모세와 아론을 불신할 뿐 아니라 하나님의 약속까지도 불신한 것입니다. 하나님은 "이 백성이 어느 때까지 나를 멸시하겠느냐 내가 그들 중에 많은 이적을 행하였으나 어느 때까지 나를 믿지 않겠느냐"(민 14:11) 하며 탄식하셨고, 급기야 모세에게 "그들에게 이르기를 여호와의 말씀에 내 삶을 두고 맹세하노라 너희 말이 내 귀에 들린 대로 내가 너희에게"(민 14:28) 행하리라고 이스라엘 백성에게 전하도록 명하셨습니다. 결국 그들은 자신들이 불평한 대로 젖과 꿀이 흐르는 약속의 땅을 코앞에 두고 광야에서 모두 죽고 말았습니다.

그다음은 무슨 일을 하든지 '시비' 없이 해야 합니다. 시비란 어떤 사안을 두고 따져 다툼을 벌이는 것을 말합니다. 논리적이고 상식적인 면에서의 의견 대립은 서로의 발전을 위해 필요하지만, 상대방을 존중하지 않고 일방적으로 자기주장만 내세우면서 다투는 것은 분열을 일으킬 뿐이니 하지 말라는 것입니다.

민수기 12장에 보면 미리암이 아론과 함께 모세를 비방하며 백성을 선동하는 장면이 나옵니다. "여호와께서 모세와만 말씀하셨느냐 우리와도 말씀하지 아니하셨느냐"(민 12:2). 사건의 발단은 모세가 이방 여자를 아내로 맞이한 것에 대한 비난이었는데, 사실 핵심은 모세를 시기한 마음에 있습니다. 미리암과 아론은 "어디 지도자가 모세 한 사람뿐이겠느냐? 우리도 똑같은 지도자다!"라고 주장하며 그들도 이스라엘의 지도자로서 모세와 똑같은 인정과 대우를 받아야 한다고 나선 것입니다.

모세의 입장에서는 꽤 억울한 이야기입니다. 일이 이렇게 되면 대개 모세가 "무슨 말이냐? 하나님이 세우신 지도자는 나 하나뿐인데, 어떻게 다른 사람도 아니고 누님과 형님이 나한테 이럴 수 있느냐?" 하면서 맞서는 장면이 이어질 것입니다. 그러면 이스라엘 백성은 모세파와 미리암·아론파로 나뉘어 다투게 될 것입니다. 세계 역사를 보십시오. 다 이런 식으로 분열해서 일인자와 이인자가 싸우고, 아비와 자식이 다투고, 형제간에 물고 뜯어 결국 자멸하고 만 나라나 민족이 얼마나 많습니까?

그러나 놀랍게도 이 이야기는 그렇게 전개되지 않습니다. 당사자인 모세가 반응하지 않았기 때문입니다. 왜일까요? 그 답을 3절에서 찾을 수 있습니다. "이 사람 모세는 온유함이 지면의 모든 사람보다 더하더라." 온유하다는 것은 곧 겸손하다는 뜻입니다. 어떻게 보면 미리암과 아론의 비난이 그렇게 근거 없는 얘기가 아닐 수 있습니다. 하지만 하나님이 보시기에는 그들의 태도가 합당하지 않았습니다. 그래서 하나님은 친히 미리암과 아론을 불러 혼내시고, 선동에 앞장섰던 미리암을 문둥병으로 치셨습니다. 그러자 모세가 누이를 위해 하나님께 부르짖었고, 미리암은 규례대로 진 밖에서 7일간 격리된 뒤에 돌아올 수 있었습니다.

이 사건에서 여러 교훈을 얻을 수 있지만, '구원받은 사람답게 사는 법'과 관련해서는 모세의 온유함, 곧 겸손함이야말로 시비를 잠재운 비결임을 알 수 있습니다. 그러니 시비를 따지기 전에 한 번 더 생각하고, 겸손히 하나님께 맡기십시오. 모든 일을 시비 없이 하는 겸손한 사람이 겉보기에는 지는 것같이 보여도 결국 하나님이 그를 승자로 만들어 주십니다. 하나님이 친히 승자로 만들어 주시는 온유한 사람이 되기를 바랍니다.

우리는 지금 옛 광야 시절만큼이나 어려운 시기를 보내고 있습니다. 우리나라뿐 아니라 전 세계가 가짜 뉴스와 거짓 선동으로 몸살을 앓고, 그동안 우리가 믿어 왔던 모든 것이 흔들리는 혼란을 겪고 있습니다. 서로 의심하고 경계해야만 하는 세상입니다. 그러나 이런 상황에도 불평하지 않으며 모든 일에 시비 없이 살아가고 있습니까? 하나님을 온전히 신뢰하는 사람만이 그렇게 살 수 있을 것입니다. 하나님의 선하심과 인자하심과 인도하심을 확신한다면, 바울의 조언대로 모든 일을 원망과 시비 없이 하여 믿음의 사람들과 한마음이 되십시오. 이것이 바로 마침내 약속의 땅에 들어가게 되는 비결입니다.

흠 없이 순전하게 살라

사도 바울은 구원받은 사람답게 살려면, 둘째, 하나님의 자녀로서 '흠이 없고 순전하여' 책망 받을 일이 없게 하라고 조언합니다. 흠이 없다는 것은 쉽게 말해 말과 행동에서 흠 잡을 데가 없다는 것입니다. 이는 매우 높은 수준의 영성과 도덕성을 요구한다는 뜻입니다. 또한 순전함이란 어떤 것도 섞이지 않은 순수하고 완전한 상태를 가리킵니다. 세상 물정을 몰라 어수룩하여 순진한 것과는 다릅니다. 세상과 적당히 타협해 살지 않고, 거룩하게 구별되어 살아가는 생활방식을 말하는 것입니다.

세상 사람들이 교회와 그리스도인에 대해 높은 수준의 도덕성을 요구하는 것은 이상한 일이 아닙니다. 왜 교회에만 무리한 요구를 하느냐고, 왜 그리스도인들을 세상 사람들과 달리 차별하느냐고 묻기보다는 우리 자신이 거룩하게 구별된 자들이므로 세상과 다르게 살아야 함을 오히려 당연하게 여겨야 합니다. 이것이 하나님의 방식이고, 사도 바울이 빌립보교회에 요구하는 바이기 때문입니다. 즉 세상 사람들이 우리의 구별된 삶의 태도를 보고 흠잡을 데 없어 한다면, 복음의 통로 역할을 잘 감당하고 있다는 뜻입니다.

그러므로 교회와 그리스도인들을 주시하며 집요하게 흠을 찾아내 비난하는 세상 사람들을 이상하게 여길 것이 아니라, 구원받은 자로서 자신의 생활방식을 스스로 돌아보아야 합니다. 세상 사람들은 멀리 있지 않습니다. 믿지 않는 형제자매, 친척, 엘리베이터에서 만나는 이웃, 자주 가는 가게의 주인 등 가까이 있는 사람들이 우리를 통해 예수 그리스도를 만납니다. 이웃에게 먼저 밝게 인사하고, 물건을 사든 음식을 사 먹든 먼저 그들의 수고에 감사해 보십시오. 겸손한 자세로 예수님의 성품을 드러내 보십시오. 흠을 잡고 비난하기는커녕 칭찬하지 않을까요?

세상일이 자기 뜻대로 되지 않아 불평하거나 다투지는 않습니까? 육신의 소욕에 사로잡혀서 또는 시류에 휩쓸려서 죄악에 무뎌지지는 않았습니까? 하나님 앞에서 자신의 삶을 돌아보면서 스스로 점검하고, 더욱 겸손해지는 축복이 있기를 소망합니다.

생명의 말씀을 굳게 붙들라

구원받은 사람답게 사는 법에 관한 사도 바울의 조언에서 찾아낸 세 번째 적용은 '생명의 말씀'을 붙들라는 것입니다. 앞서 살펴본 두 개의 적용은 바로 이 마지막 세 번째를 위한 전제 조건이라고 할 수 있습니다. 생명의 말씀을 온전히 붙들기 위해서는 성도 간에 불평이나 다툼이 없어야 하고, 또한 세상 사람들에게 책망 받을 것이 없어야 합니다. 그러지 않고서는 생명의 말씀을 잘 붙들었다고 할 수 없습니다.

성경은 "행함이 없는 믿음은 그 자체가 죽은 것"(약 2:17)이라고 말씀합니다. 말씀을 배우고도 삶에 적용하지 않는다면 생명력 없는 공허한 소리에 불과합니다. 배운 만큼 삶의 자리와 사역 현장에 적용할 때 비로소 말씀이 빛을 발할 것입니다. 요즈음 하늘의 별을 보기가 쉽지 않습니다. 하물며 이 땅에서 별처럼 빛나는 사람을 보기가 쉽겠습니까? 성도 중에서, 심지어 목회자 중에서도 별처럼 빛나는 사람을 만나기란 쉽지 않은 것 같습니다.

미국 LA에서 박사 공부를 할 때 현지 교회에서 부목사로 섬긴 적이 있습니다. LA에 도착하자마자 사역지를 알아봤는데, 마침 한 교회가 저를 부교역자로 청빙했습니다. 그런데 그 교회에서 사역해 봤다는 유학생이 조언하기를 그 교회가 좋지 않다고, 특히 담임목사님이 아주 안 좋으시니 가지 말라는 것이었습니다. 그래도 결국 그곳에서 사역하게 되었는데, 들은 것과 달리 오히려 담임목사님에게서 많은 것을 배웠고, 사랑도 듬뿍 받았습니다. 공부를 마치고 귀국했는데, 나중에 보니 교회를 험담했던 그 유학생이 제가 떠난 후 다시 들어가 사역한다는 것입니다. 그러고 보니 그 교회에서 같이 사역하던 교역자 한 분도 처음부터 교회의 험담을 하곤 했는데, 제가 그만두기를 바랐던 것입니다. 담임목사님이 그분을 내보내려고 한다는 것을 알았기 때문입니다. 제가 그만두면 자신을 쉽게 내보낼 수 없으리라고 생각한 것입니다. 그때만 해도 저는 너무 순수하다 못해 순진해서 그들의 속내를 알아차리지 못했습니다.

그런가 하면 유학 생활을 통해 정말 본받을 만큼 감사한 분들도 많이 만났습니다. 같은 유학생 처지임에도 다른 유학생들에게 기꺼이 식사를 대접하던 어느 목사님 내외는 제 아내가 둘째를 낳자 정성껏 미역국을 끓여 주셨고, 권사님들은 언젠가는 떠날 유학생 신분의 부목사인데도 늘 따뜻한 사랑과 섬김으로 대해 주셨습니다. 그뿐 아니라 멘토 목사님은 지난 20년간 본인도 힘들 텐데 제가 힘들 때마다 상담해 주고 계시고, 최근에는 경제적으로 어려운 시기임에도 여러 목사님과 총장님이 물심양면으로 저와 학교를 후원해 주시니 제 삶에 밝음과 따뜻함이 있습니다. 참으로 제게는 디모데와 에바브로디도와 같은 존재들입니다.

당신도 이처럼 어두운 바다의 등대와 같은 성도가 되기를 축복합니다. 우리 주변에는 별과 같이 빛나는 분들이 있습니다. 그들이 모여 은하수처럼 세상을 밝게 비추기를 소원합니다. 생명의 말씀을 붙들면, 하늘의 별처럼 빛나는 삶을 살 수 있습니다.

이상과 현실은 다른 법이라는 궤변으로 사도 바울의 조언을 의심하지 않기를 바랍니다. 물론 우리 힘으로는 그의 조언대로 살기가 어렵습니다. 그러나 오직 예수 그리스도를 본받고자 하는 겸손한 태도로 임한다면, 하나님이 그 기쁘신 뜻에 따라 우리를 도우실 것입니다. 어그러지고 거스르는 세대 가운데서 생명의 말씀을 붙든 믿음의 공동체가 세상의 빛으로 나타나 하나님의 자랑이 될 수 있기를 바랍니다.

경건은 곧 영성입니다.
영성은 오늘 하루 하나님 앞에서 최선의 삶을,
주님 안에서 기쁘고 감사한 삶을,
성령님의 인도하심을 따라 아름다운 삶을
선택하는 것입니다.

"내가 디모데를 속히 너희에게 보내기를 주 안에서 바람은 너희의 사정을 앎으로 안위를 받으려 함이니 이는 뜻을 같이하여 너희 사정을 진실히 생각할 자가 이밖에 내게 없음이라 그들이 다 자기 일을 구하고 그리스도 예수의 일을 구하지 아니하되 디모데의 연단을 너희가 아나니 자식이 아버지에게 함같이 나와 함께 복음을 위하여 수고하였느니라 그러므로 내가 내 일이 어떻게 될지를 보아서 곧 이 사람을 보내기를 바라고 나도 속히 가게 될 것을 주 안에서 확신하노라 그러나 에바브로디도를 너희에게 보내는 것이 필요한 줄로 생각하노니 그는 나의 형제요 함께 수고하고 함께 군사 된 자요 너희 사자로 내가 쓸 것을 돕는 자라 그가 너희 무리를 간절히 사모하고 자기가 병든 것을 너희가 들은 줄을 알고 심히 근심한지라 그가 병들어 죽게 되었으나 하나님이 그를 긍휼히 여기셨고 그뿐 아니라 또 나를 긍휼히 여기사 내 근심 위에 근심을 면하게 하셨느니라 그러므로 내가 더욱 급히 그를 보낸 것은 너희로 그를 다시 보고 기뻐하게 하며 내 근심도 덜려 함이니라 이러므로 너희가 주 안에서 모든 기쁨으로 그를 영접하고 또 이와 같은 자들을 존귀히 여기라 그가 그리스도의 일을 위하여 죽기에 이르러도 자기 목숨을 돌보지 아니한 것은 나를 섬기는 너희의 일에 부족함을 채우려 함이니라"(빌 2:19-30).

6.

복음을 위한 기꺼운 수고

복음의 일꾼으로 섬김과 헌신을 다하고 있는가?

사도 바울에게는 여러 동역자가 있었지만, 그가 아들이라고 부를 만큼 애정을 가지고 언급한 사람은 디모데뿐입니다. 훗날 바울이 순교를 앞둔 상황에서 마지막으로 보고 싶어 한 사람도 디모데입니다. 디모데는 상당히 젊은 나이에도 불구하고 사도 바울과 빌립보 교인들에게서 인정과 존경을 받았던 인물입니다. 그에 관해 알려진 것은, 헬라인 아버지와 유대인 어머니 사이에서 태어났다는 것과 어머니 유니게와 외할머니 로이스 아래에서 성장했다는 것 정도입니다. 아마도 아버지를 일찍 여의었던 것 같습니다. 그는 유대인 어머니와 외할머니에게서 소중한 믿음의 유산을 물려받았습니다. 그리고 사도 바울을 만나면서 복음의 일꾼으로 부름 받아 바울의 제2차 전도 여행에 참여할 수 있었습니다. 빌립보교회 성도들도 디모데를 익히 알고 있었습니다. 사도 바울이 그들 가운데 사역할 때 디모데가 함께했기 때문입니다.

바울이 믿음의 아들로 여길 만큼 신실했던 디모데와 또 한 사람을 통해 겸손한 그리스도인의 세 가지 모습에 관해 구체적으로 알아보겠습니다.

다른 사람을 향한 진실된 마음

사도 바울은 말합니다.

> "내가 디모데를 속히 너희에게 보내기를 주 안에서 바람은 너희의 사정을 앎으로 안위를 받으려 함이니 이는 뜻을 같이하여 너희 사정을 진실히 생각할 자가 이밖에 내게 없음이라"(빌 2:19-20).

당시에는 사도 바울이 각 교회에 보낸 서신이 설교처럼 선포되곤 했습니다. 아마도 바울의 편지를 듣는 빌립보 교인들은 방금 선포되었던 말을 다시금 떠올렸을 것입니다. 앞서 "각각 자기 일을 돌볼뿐더러 또한 각각 다른 사람들의 일을 돌보아 나의 기쁨을 충만하게 하라"(빌 2:4)라고 당부한 바 있기 때문입니다. 그는 이것이 곧 '그리스도 예수의 마음'이라고도 말했습니다.

자기 일을 돌아보는 것은 중요합니다. 자기 일도 제대로 못 하는데 다른 사람의 일을 어떻게 돌아보겠습니까? 그럴 여력이 없습니다. 그러나 그리스도인이라면 자기 자신만 좋으면 그만이라는 사고방식으로 살아서는 안 됩니다. 내가 좋은 만큼 다른 사람들도 그러하도록 돌아보라는 것입니다. 나아가 예수님처럼 다른 사람을 위해 자기 목숨까지 내놓을 수 있어야 할 것입니다. 그러나 막상 실천하기에는 참으로 어려운 말씀입니다.

바울은 그와 같은 마음을 가지고 빌립보 교인들을 진심으로 염려해 줄 사람은 디모데밖에 없다고 말합니다. 여기서 주목할 만한 단어는 '진실히'(genuinely, NASB)입니다. 믿음의 형제자매들의 걱정과 형편을 말하지 않아도 먼저 헤아릴 줄 아는 사람, 그들의 부족함을 비판하기보다는 영적인 필요를 위해 묵묵히 기도하고, 그들이 범사에 잘되고 강건하기를 바라고 도울 사람이 바로 디모데라는 것입니다. 이것이 바로 겸손한 그리스도인의 첫 번째 모습입니다.

그런가 하면 빌립보교회가 로마 감옥에 투옥 중인 바울을 돕기 위해 파송해 주었던 에바브로디도에게서도 그런 모습을 발견할 수 있습니다. 그는 빌립보 교인의 한 사람으로서 자기 공동체를 위해 시간과 열정을 바칠 만큼 헌신했던 사람입니다. 바울은 그가 본 교회 성도들을 간절히 사모하고, 자신이 병으로 고생했다는 소식이 본 교회에 전해진 것을 알고 '심히 근심'(distressed, NASB)하고 있다고 전합니다. 그 근심이 얼마나 깊은지 예수님이 '베드로와 세베대의 두 아들을 데리고' 겟세마네 동산에 기도하러 가실 때 '고민'(distressed, NASB)하셨다는 표현과 같은 헬라어 단어를 쓰고 있습니다(마 26:37). 이 정도면 에바브로디도의 걱정이 지나치지 않았나 싶은 정도입니다. 하나님의 은혜로 병이 나은 것에 감사하면 그만이지, 왜 멀리 있는 빌립보 교인들까지 걱정했을까요? 그는 빌립보 교인들의 마음을 헤아릴 줄 아는 겸손한 사람이었기 때문입니다.

누구든지 나 아닌 다른 사람을 염려해 줄 수 있습니다. 말로만 염려하는 척할 수도 있습니다. 그런데 우리는 나를 위해 염려해 주는 척이라도 하는 사람이 있으면 감사한 세상을 살아가고 있으니 서글픈 현실입니다. 이기심을 맘껏 드러내도 부끄럽지 않은 사회가 되었기 때문입니다. 이것을 어떻게 알 수 있습니까?

예를 들어 보겠습니다. 태초에 하나님은 분명히 아담과 하와를 축복하며 생육하고 번성하라고 말씀하셨는데, 요즘은 결혼을 꺼리는 비혼주의자가 많습니다. 그중에는 독신의 은사가 없는데도 단순히 싱글 라이프를 즐기기 위해 결혼하지 않겠다는 그리스도인도 있습니다. 그러다 보니 결혼에 관한 가장 기본적인 지표인 조혼인율이 매년 가파르게 하향곡선을 그리고 있습니다. 결혼하더라도 아이를 낳지 않겠다는 부부가 날로 늘어나는 추세입니다. 설상가상으로 이혼율은 계속해서 올라가고 있습니다. 물론 저마다 그럴 만한 이유가 있을 것입니다. 그러나 다양한 이유의 바탕에는 이기심이 있음을 부인할 수 없습니다. 남녀가 하나 되려면 서로의 이기심을 내려놓아야만 합니다. 부모는 자녀를 위해 돈과 시간, 에너지와 젊음을 바쳐야 합니다. 자녀는 부모의 희생을 먹고 자라는 법입니다. 그런데 안타깝게도 요즘 뉴스에서는 자신을 위해 자녀를 희생시키는 부모들이 종종 등장합니다. 극단의 이기심이라고 할 수 있습니다.

나의 형편을 헤아려 주고, 나의 영적 건강을 위해 염려해 주는 사람이 내 곁에 한 명이라도 있다면, 그것은 참으로 큰 축복이라고 생각합니다. 그러고 보면 저는 참으로 복이 많은 사람입니다. 제 주위에는 그러한 사람이 적어도 열 분이 넘기 때문입니다. 코로나19 팬데믹으로 온 사회가 고통을 겪을 때, 저 또한 학교 차원에서나 개인적으로 어려운 고비를 몇 번이나 넘겨야 했습니다. 그런데도 오늘날 이렇게 건강한 모습으로 서 있는 것은 그리고 학교가 여전히 건재한 것은 전적으로 하나님의 은혜요, 디모데나 에바브로디도와 같은 이들의 기도 덕분임을 확신합니다.

당신 곁에는 당신의 사정을 진실히 생각해 주는 디모데 같은 사람이 있습니까? 있다면 하나님께 감사드리고, 그분에게도 감사하기를 바랍니다. 그러나 지금 비록 그런 사람이 곁에 없더라도 좌절할 필요는 없습니다. 디모데와 같은 동역자를 붙여 주시기를 믿음으로 기도하십시오. 하나님이 그 기도에 응답해 주실 것입니다. 그리고 또 기도하기 바랍니다. 자기 자신이 누군가에게 디모데와 같은 동역자가 되어 줄 수 있도록 "나로 인해 다른 사람이 영적으로 살아나고 삶이 부요해지는 역사가 일어나게 하옵소서" 하고 기도하십시오. 하나님이 그 기도를 기쁘게 받고 응답해 주실 것입니다.

그리스도 중심의 관점

두 번째로, 겸손한 그리스도인은 그리스도 중심의 관점을 가졌습니다. 바울은 디모데에 대해서 이렇게 말합니다. "그들이 다 자기 일을 구하고 그리스도 예수의 일을 구하지 아니하되"(빌 2:21) 디모데만큼은 그들과 달리 자신과 함께 복음을 위한 수고를 아끼지 않았다고 말입니다. 무엇이 디모데로 하여금 그들과 다른 삶을 살게 했을까요? 무엇보다도 그는 자기 일보다 그리스도의 일을 우선시했기 때문입니다.

'자기 일을 구한다'는 것은 자기 일에만 관심을 두고 열심히 한다는 뜻입니다. 즉 자기중심적인 관점을 의미합니다. 그와 달리 '예수의 일을 구한다'는 것은 예수 그리스도의 관점을 따름을 뜻합니다. 여기서 '일'이란 영어로 'work'가 아니라 'interests'인데, 이는 '관심사'로 번역할 수 있습니다. 누구나 자기가 관심 있는 것에 몰두하기 마련이고, 그러다 보면 그것을 묵상하기도 하고, 사랑하기도 합니다. 디모데의 관심사는 무엇이었을까요? 바울은 디모데가 "자식이 아버지에게 함같이"(빌 2:22) 복음을 위해서 자신을 섬겨 주었다고 말합니다. 즉 디모데의 궁극적인 관심사는 그리스도의 복음 전파였음을 알 수 있습니다. 이는 곧 예수님의 관심사요, 사도 바울의 관심사였습니다.

오래전에 우리나라도 자식이 아버지의 일을 물려받아 가업을 잇는 것이 당연한 시대가 있었습니다. 아들은 어려서부터 아버지를 따라다니며 훈련을 받곤 했습니다. 그러다가 때가 되면 가업을 물려받았습니다. 사도 바울과 디모데의 관계가 흡사 이와 같았다는 것입니다. 그들에게 가업이란 바로 그리스도께 물려받은 복음 전파 사역을 의미합니다. 그들의 삶이 얼마나 아름답습니까? 자기중심적으로 사는 대신에 그리스도 중심의 삶을 살기로 결단하고, 그리스도의 관심사를 따라 복음 전파에 전념했으니 말입니다.

당신의 관심사는 무엇입니까? 그리스도인으로서 하나님 아버지의 관심사를 우선으로 여깁니까? 혹시 자신의 관심사만 돌보고 있지는 않습니까? 눈길을 끄는 세상일에 한눈팔고 있지는 않습니까? 그리스도의 복음을 위해 물심양면으로 투자하고 있습니까? 자기 필요와 유익만을 위해, 자기 체면과 명예만을 위해 신속히 움직이고 있지는 않습니까? 주님 앞에서 자신의 내면을 점검하고 회개할 수 있기를 바랍니다. 회개가 곧 축복입니다.

사도 바울이 지적했듯이, 아무리 그리스도인이어도 대부분 예수 그리스도의 일보다는 자기 일을 먼저 챙기며 살아가기 마련입니다. 사실 순수하게 예수 그리스도를 위해, 그리스도의 복음 전파만을 위해 살아가는 사람은 극히 드뭅니다. 그렇게 살기란 결코 쉬운 일이 아니기 때문입니다. 자신의 노력과 능력만으로는 감당할 수 없습니다. 이것을 가능하게 하는 변화는 주님 앞에서 쏟는 회개에서부터 시작됩니다. 그러면 모든 것을 아시는 주님이 우리가 미처 깨닫지 못하는 부분까지도 깨끗하게 하여, 그리스도 중심의 관점을 갖고 예수 그리스도의 관심사를 따라 복음을 위해 살 수 있도록 이끌어 주실 것입니다. 매일매일 주님 앞에서 자신을 돌아봄으로써 그리스도 중심의 관점을 지닌 겸손한 그리스도인으로 거듭날 수 있기를 바랍니다.

죽음을 불사한 사명

사도 바울은 또 한 사람, 에바브로디도를 통해 겸손한 그리스도인의 모습이 어떠한지를 보여 줍니다.

> "그가 그리스도의 일을 위하여 죽기에 이르러도 자기 목숨을 돌보지 아니한 것은 나를 섬기는 너희의 일에 부족함을 채우려 함이니라"(빌 2:30).

에바브로디도는 '그리스도의 일을 위하여' 빌립보 교인들을 대신해서 목숨을 걸고 바울의 사역을 도왔습니다. 빌립보교회 교인이었던 에바브로디도는 유대인이 아닌 이방인이었을 것입니다. 그의 성장 과정에 관한 언급은 따로 없지만, 아마 유대인들처럼 어려서부터 신앙 교육을 받지는 못했을 것으로 보입니다. 그런데도 로마 감옥에 갇힌 사도 바울을 섬기기 위해 기꺼이 파송될 만큼 신실했습니다. 주어진 사명에 죽기까지 충성하는 자세에서 겸손한 그리스도인의 세 번째 모습을 찾아볼 수 있습니다.

마게도냐의 빌립보교회에서 사도 바울이 수감된 로마까지의 거리는 1,200킬로미터가 넘었다고 합니다. 내리 걸어도 한 달은 족히 걸리는 먼 거리입니다. 어떤 학자들은 에바브로디도가 로마로 향하는 여행길에서 이미 병에 걸렸을 가능성이 있다고 말합니다. 집을 떠나 낯선 곳에서 병에 걸려 죽을지도 모르게 되었다면 당신은 어떻게 하겠습니까? 사랑하는 가족들의 품에서 눈을 감기 위해서라도 힘을 다해 고향으로 돌아가겠습니까, 아니면 사명을 완수하기 위해 한 번도 가 보지 못한 낯선 곳을 향한 여정을 계속하겠습니까? 결국 로마 감옥에서 생을 마치게 되더라도 말입니다. 두말할 것도 없이 빨리 고향으로 돌아가서 몸을 추스르고, 교회에 요청해서 다른 사람을 대신 파송하도록 조치하면 되지 않겠습니까? 그런데 에바브로디도는 목숨을 거는 선택을 했고, 빌립보교회의 사신으로서 자기 사명을 끝까지 감당했습니다.

요즘은 웬만한 질병은 병원에서 다 치료되고, 심하게 앓아도 며칠 약을 먹으면 낫곤 합니다. 그러나 당시에는 변변한 치료법이 없었으므로 몸의 열만 올라도 신의 자비를 구하는 수밖에 없었습니다. 이방인들은 이방 신들에게 기도하고, 유대인들은 여호와께 기도할 뿐이었습니다.

여기서 잠시 짚고 넘어갈 것은, 디모데와 에바브로디도 둘 다 복음을 위해 헌신한 자들이지만 그들의 사명과 역할은 달랐다는 사실입니다. 디모데에게 주어진 사명은 바울과 함께 말씀을 선포하고 전도하며 선교하는 일이었습니다. 그에 비해 에바브로디도는 디모데처럼 바울과 함께 전도 여행을 다녔다거나 목회했다는 기록이 없습니다. 그에게 주어진 사명은 빌립보 교인들을 대신해서 바울을 방문하여 그를 섬기는 것이었습니다. 그는 그것을 그리스도의 일로 여겼습니다. 하나님이 주시는 복음의 사명은 저마다 다릅니다. 그러나 모든 사명자에게 똑같이 요구되는 것이 있으니 바로 '충성'입니다.

70여 년 전, 한반도의 이데올로기 전쟁에서 민주주의 체제를 수호하기 위해 목숨을 바친 분들이 있습니다. 그보다 앞서 죽음을 불사하고 독립을 위해 싸웠던 분들이 있어 그분들 덕분에 오늘날 우리가 자유 대한민국에 살고 있습니다. 목숨을 걸고 하는 일은 가볍게 여겨질 수 없습니다. 불

필요한 요소들을 제거하고, 사소한 감정을 억누르며 집중력 있게 실천하도록 고도로 훈련해야만 헛된 희생 없이 승리할 수 있을 것입니다. 이것은 마치 훌륭한 군인의 탄생 과정과도 같습니다. 군인에게 훈련만큼 중요한 것이 무엇입니까? 바로 '충성스러운 자세'입니다.

사도 바울은 그리스도의 복음 전파라는 목적을 위해 충성을 다하는 사람이었습니다. 이것이 로마 감옥에 갇혀서도 멀리 있는 교회들에 선교 편지를 쓰고, 가까이 있는 로마 군인들을 전도한 이유입니다. 그는 에바브로디도를 "나의 형제요 함께 수고하고 함께 군사 된 자"(빌 2:25)라 불렀습니다. 한마디로 에바브로디도는 '영적 군대의 군사로서 주님께 충성된 자'라는 뜻입니다.

한국 사회에는 복음을 위해 죽음을 무릅쓰고 해야 할 일이 별로 없어 보입니다. 북한에 선교하러 간다면 몰라도, 이 땅에서 복음 전파를 위해 목숨을 걸 만큼 크게 박해받는 일은 없습니다. 그러나 과연 정말로 그럴까요? 실상은 그렇지 않습니다. 우리의 싸움은 눈에 보이는 것이 아니기 때문입니다. 눈에 보이지 않는 영적 세계에서 한국 교회는 이미 공중의 악한 세력에게서 끊임없이 공격당해 왔습니다. 외부의 박해뿐 아니라 교단 내부의 분열도 심각한 수준에 이르렀습니다. 어느새 온갖 이단들이 기독교라는 이름으로

판치는 나라가 되었습니다. 이러한 상황에서 그리스도의 복음은 찬밥 신세가 되었습니다. 게다가 코로나19 팬데믹으로 인해 사회뿐 아니라 교회까지도 큰 위기에 처해 있습니다. 온 나라가 아우성을 치고 있습니다.

지금 우리에게 요구되는 것은 죽기까지 충성하는 마음입니다. 지금은 복음의 온전한 전파를 위해 목숨 걸고 기도할 때입니다. 우리는 주님의 영적 군사로서 다시금 사명감을 다잡아야 합니다. 믿음의 형제자매들을 위해, 교회를 위해 악한 세력을 물리치는 기도, 이 땅에 주님의 통치가 임하기를 간구하는 기도를 목숨 걸고 해야 합니다. 영적 승리의 깃발을 높이 올릴 날이 머지않아 반드시 올 것입니다.

희생으로 빛나는 삶

혹독한 날씨 속에 시베리아 벌판을 걷는 두 사람이 있었습니다. 다른 마을에 볼일이 있어 가는 길이었습니다. 해가 저물기 전에 마을에 도착하지 않으면 길에서 얼어 죽을 판이라 서둘러 걸음을 재촉했습니다. 그러나 마을까지는 아직도 한참 남았는데, 거센 바람이 부니 앞으로 나아가기가 여간 어려운 게 아니었습니다.

일몰까지 한 시간여 남았을 무렵, 길가에 쓰러져 있는 한 노파를 발견했습니다. 한 명이 먼저 뛰어가 노파의 상태를 살폈는데, 다행히 아직 숨이 붙어 있었습니다. 그는 동행자에게 이 노파를 마을까지 모셔 가자고 말했습니다. 하지만 동행자는, 어차피 노파는 체력이 약해 마을에 닿기도 전에 죽을지도 모르고, 서둘러 가지 않으면 자신들도 길에서 얼어 죽을지 모른다고 손사래를 쳤습니다. 하지만 그는 아직 숨이 붙어 있는 노파를 그냥 두고 갈 수 없었습니다. 그래서 노파를 등에 업고 걷기 시작했습니다. 바람이 어찌나 세차던지 혼자서도 걷기가 힘든데, 의식 없이 축 늘어진 노파를 등에 업고 가자니 도무지 속도가 나지 않았습니다. 그래도 꿋꿋하게 한 걸음씩 내디뎠습니다.

그러는 사이에 동행자의 인내심이 바닥났습니다. 곧 해가 저물 텐데 걸음이 점점 더 느려졌기 때문입니다. 이러다가는 해가 지기 전에 마을에 도착하기란 불가능할 게 분명했습니다. 참다못한 동행자가 먼저 가겠다고 하더니 눈바람 속으로 사라져 갔습니다. 뒤에 남은 한 사람은 노파를 업고 가느라 중간 중간 쉬다 보니 어느덧 해가 져 버렸습니다. 그러나 간신히 마을에 안전히 도착할 수 있었습니다. 그는 노파를 마을 사람들에게 맡기고 동행자를 찾아 나섰습니다. 그런데 이상하게도 그를 봤다는 사람이 아무도 없었습니다. 이미 밤이 너무 깊어서 다음 날 찾아보기로 하고 잠자리에 들었습니다.

그다음 날 아침, 동행자를 찾으려고 집을 나서는데 사람들이 무리 지어 웅성거리는 소리가 들려왔습니다. 마을 어귀에서 얼어 죽은 시신을 발견했다는 것입니다. 시신을 어떻게 옮길지 의논하는 소리였습니다. 혹시나 하는 마음에 달려가 확인해 보니 먼저 출발했던 동행자의 시신이었습니다. 알고 보니 해가 저물어 기온이 급격히 떨어지자 추위를 홀로 이겨야 했던 동행자는 마을을 코앞에 두고 길에서 쓰러져 동사한 것이었습니다. 반면에 그는 노파를 등에 업고 걸은 덕분에 온기를 서로 나눌 수 있었고, 그로 인해 죽음을 면했음을 깨달았습니다.

다른 사람을 살리는 것이 곧 내가 사는 길이라는 가르침을 잘 보여 주는 이야기입니다. 사도 바울과 디모데와 에바브로디도는 예수 그리스도를 좇아 바로 그 길을 선택하여 걸었고, 그 선택이 옳았음을 삶으로 보여 주었습니다. 세상 사람들이 저마다 홀로 제 길을 갈지라도, 우리 그리스도인들은 한마음으로 동행해야 할 것입니다. 그것이 모두가 살 길입니다.

"끝으로 나의 형제들아 주 안에서 기뻐하라 너희에게 같은 말을 쓰는 것이 내게는 수고로움이 없고 너희에게는 안전하니라 개들을 삼가고 행악하는 자들을 삼가고 몸을 상해하는 일을 삼가라 하나님의 성령으로 봉사하며 그리스도 예수로 자랑하고 육체를 신뢰하지 아니하는 우리가 곧 할례파라 그러나 나도 육체를 신뢰할 만하며 만일 누구든지 다른 이가 육체를 신뢰할 것이 있는 줄로 생각하면 나는 더욱 그러하리니 나는 팔 일 만에 할례를 받고 이스라엘 족속이요 베냐민 지파요 히브리인 중의 히브리인이요 율법으로는 바리새인이요 열심으로는 교회를 박해하고 율법의 의로는 흠이 없는 자라 그러나 무엇이든지 내게 유익하던 것을 내가 그리스도를 위하여 다 해로 여길뿐더러 또한 모든 것을 해로 여김은 내 주 그리스도 예수를 아는 지식이 가장 고상하기 때문이라 내가 그를 위하여 모든 것을 잃어버리고 배설물로 여김은 그리스도를 얻고 그 안에서 발견되려 함이니 내가 가진 의는 율법에서 난 것이 아니요 오직 그리스도를 믿음으로 말미암은 것이니 곧 믿음으로 하나님께로부터 난 의라 내가 그리스도와 그 부활의 권능과 그 고난에 참여함을 알고자 하여 그의 죽으심을 본받아 어떻게 해서든지 죽은 자 가운데서 부활에 이르려 하노니"(빌 3:1-11).

7.

참된 신앙을 위한 영적 분별력

삶의 기준이 나인가, 하나님인가?

당신 앞에 컵 두 개가 놓여 있습니다. 두 잔 모두 맑고 차가운 탄산음료가 얼음과 함께 담겨 있습니다. 보기만 해도 갈증을 한 번에 해소시켜 줄 것만 같은 청량함이 느껴집니다. 고맙게도 그 앞에 '맘껏 마셔도 됨'이라는 팻말이 큼지막하게 붙어 있습니다. 그런데 그 밑에 작은 글씨로 '단, 둘 중 하나에는 독이 들어 있으니 주의하시오'라고 쓰여 있습니다. 당신이라면 어떻게 하겠습니까? 당장 목이 마르니 아무 컵이나 들고 벌컥벌컥 들이켜겠습니까? 과연 음료 한 잔에 목숨을 걸겠습니까? 감히 확신하건대, 그럴 사람은 아무도 없을 것입니다. 누가 봐도 어리석은 짓이기 때문입니다.

그런데도 컵을 들어 마시는 사람이 있습니다. 대체 어떤 사람이 그럴까요? 첫째, 글을 읽지 못하는 사람입니다. 둘째, 성격이 어찌나 급한지 큰 글씨만 읽고 작은 글씨 따위는 무시하는 사람입니다. 셋째, 작은 글씨까지 읽고도 '설마 진짜겠어?' 하고 믿지 않는 사람입니다. 넷째, '다른 사람은 몰라도 나는 절대 죽지 않아'라고 주장하는 교만한 사람입니다. 다섯째, 어느 쪽에 독이 들었는지 알아차릴 만한 분별력을 가진 사람입니다. 그런 사람은 독이 든 음료는 가려서 버리고, 안전하게 탄산음료를 즐길 수 있을 것입니다.

우스갯소리처럼 들리겠지만, 사실 우리는 매일 독이 든 뉴스, 독이 든 정보, 독이 든 관계, 독이 든 습관, 독이 든 음식 등을 마주하며 살아갑니다. 우리가 알든 모르든 독과 거짓이 우리 주변을 에워싸고 있습니다. 눈을 뜨고도 코가 베이는 세상입니다. 분별력과 지혜가 절실히 필요한 때입니다.

그런데 신앙에도 참 믿음과 거짓 믿음이 있습니다. 거짓 믿음은 우리 영혼에 독이 됩니다. 우리 영혼의 안전을 위해 사도 바울이 가리는 참 믿음과 거짓 믿음을 살펴보고자 합니다. 사도 바울은 빌립보 교인들에게 '거짓 할례자와 참 할례자', '거짓 유익과 참 유익', '거짓된 앎과 참된 앎' 이 세 가지를 분별하라고 조언합니다. 참 믿음을 가리는 데 필요한 분별력을 길러 보십시오.

거짓 할례자 vs. 참 할례자

먼저 첫째, 사도 바울은 거짓 할례자와 참 할례자를 분별하여 경계할 것을 가르칩니다.

> "개들을 삼가고 행악하는 자들을 삼가고 몸을 상해하는 일을 삼가라 하나님의 성령으로 봉사하며 그리스도 예수로 자랑하고 육체를 신뢰하지 아니하는 우리가 곧 할례파라"(빌 3:2-3).

'개, 행악하는 자, 몸을 상해하는 일' 등 매우 강한 표현을 썼습니다. '몸을 상해하는 일'은 거짓 할례자를 가리키는데, 영어 성경(NIV)에는 'mutilators of the flesh'로 번역되었습니다. '신체 훼손자'라는 뜻입니다. 대체 누구를 가리켜 신체를 절단하고 훼손하는 사람들이라고 말했을까요? 빌립보 교인들은 대다수가 이방인이었습니다. 당시 유대인들은 이방인들을 개에 비유하곤 했는데, 친근한 반려견이 아닌 사납고 공격성이 강한 맹견을 가리켜 한 말입니다. 놀랍게도 사도 바울은 이런 자극적인 표현을 이방인이 아닌 유대인들을 향해 쓰고 있습니다. 그것도 외부인이 아니라 초대 교회를 구성하고 있던 내부인들을 향해서 말입니다.

그들을 가리켜 유대주의자(Judaizers)라고 부릅니다. 이들은 그리스도인이 되었지만 유대교 전통을 여전히 중요시하는 유대인들입니다. 사실 초대 교회의 율법적인 그리스도인들은 초창기부터 사도 바울의 사역을 방해해 왔습니다. 바울이 가는 곳마다 따라다니면서 정통 유대인처럼 할례를 받고 율법을 지키는 것이 의요, 그렇게 해야만 제대로 믿는 것이라고 주장했습니다. 바울이 전하는 복음에 독을 타는 격입니다. 겉으로는 그리스도인인 척하지만 속은 전혀 다른 사람들입니다. 안타깝게도 이방인 성도들이 그들의 말에 넘어가곤 했고, 빌립보교회도 그런 위험에 노출되어 있었습니다. 그래서 바울이 매우 강한 어조로 거짓 할례자들을 주의하라고 조언한 것입니다.

그렇다면 참 할례자는 어떤 사람들입니까? 몇 가지 특징을 찾아볼 수 있습니다. 그들은 첫째, 하나님의 영으로 봉사합니다. 둘째, 그리스도를 자랑합니다. 셋째, 육신을 신뢰하지 않습니다. 육신을 신뢰하지 않는다는 것은 자기 힘과 능력으로 봉사하지 않고, 교묘히 자신을 자랑하거나 종교적인 행위를 내세우지 않는다는 뜻입니다. 이런 이들이야말로 육신의 할례를 받지 않았어도 마음의 할례를 받은 참 할례자들입니다.

그렇다면 마음의 할례는 어떻게 받는 것일까요?

사도 바울은 마음의 할례를 받는 방법은 단 하나뿐이라고 말합니다.

> "그 안에서 발견되려 함이니 내가 가진 의는 율법에서 난 것이 아니요 오직 그리스도를 믿음으로 말미암은 것이니 곧 믿음으로 하나님께로부터 난 의라"(빌 3:9).

그리스도 예수를 믿는 길밖에는 없습니다. 오직 믿음으로만 의롭다 여김을 받을 수 있기 때문입니다. 그 외의 것을 주장하는 사람은 거짓 할례자입니다.

'공짜 폰'이라는 말을 한 번쯤은 들어 봤을 것입니다. 거리에서 공짜 폰이라는 팻말을 처음 봤을 때는 솔직히 솔깃했습니다. 그런데 정말로 공짜일까요? 매장에 들어가서 "공짜 폰을 준다고요? 제가 감사히 받아 가겠습니다" 하고 인사하면 두말하지 않고 바로 내주는 곳이 한 군데라도 있을까요? 없습니다. 왜입니까? 공짜 폰 뒤에는 갖가지 조건들이 붙어 있기 때문입니다. 전화기는 공짜지만 비싼 요금제에 가입하고 장기간 약정을 걸어야만 합니다. 결국 공짜 폰이 공짜가 아니라는 뜻입니다.

최근에는 이런 일이 있었습니다. 퇴근해서 집에 들어가니 아내가, 장모님에게서 전화가 왔는데 가족사진 무료 촬영권에 당첨되어 기뻐하시더라는 이야기를 들려주었습니다. 뭔가 이상하다는 생각이 들었지만, 장모님이야 워낙 확실한 분이니 잘 알아보셨을 거라는 생각에 별 걱정하지 않았습니다. 그러고는 주말에 가족사진을 찍기로 약속했습니다.

약속한 날, 광나루 근처에 있는 사진관에 찾아갔습니다. 먼저 예약한 사람들이 있어서 한 시간 정도 기다렸다가 우리 차례가 되어 또 한 시간 정도 즐겁게 사진을 찍었습니다. 문제는 그다음부터였습니다. 사진관 직원이 우리를 어떤 방으로 데려가더니 음악이 있는 스냅 사진들을 보여 주고 나서 액자에 관한 설명을 하기 시작했습니다. 조그마한 사진 한 장을 허름한 액자에 끼워 공짜로 주겠다고 하더니 벽면을 가리키며 "이것보다 좋은 액자에 사진을 담아 가시겠다면 세트당 이건 120만 원, 그 옆은 60만 원…" 하고 더욱 친절하게 안내했습니다. 순간 속에서 열이 확 올라와 당장 나가고 싶었지만, 가족들 표정을 보니 이대로 나가기엔 아쉬워하는 듯 보여서 참았습니다. 결국 큰 액자 하나와 나머지 사진들을 받는 대가로 몇 십만 원을 내고 나왔는데,

집에 와서 인터넷으로 검색해 보니 우리 같은 피해자가 한 둘이 아니었습니다. 그날 잠을 이룰 수가 없었습니다.

초대 교회 당시 유대주의자들이 바로 이런 식으로 하나님이 선물로 주신 구원의 은혜를 비싼 대가를 치러야만 받는 것으로 둔갑시켰습니다. 사도 바울이 전한 복음은 믿음 외에는 아무런 조건 없이 받는, 말 그대로 구원의 '기쁜 소식'인데, 그들이 여러 가지 조건을 내세우며 성도들을 옭아맨 것입니다. 바울이 보기에 그들은 '개'요, '행악하는 자'요, '몸을 상해하는 일'을 하는 자였습니다. 한마디로 사기꾼들입니다.

오늘날 한국 교회도 그리스도의 복음에 인간적인 노력이나 율법적인 기준을 더하고 있지는 않은지 돌아볼 필요가 있습니다. 불신자들이 말하기를 구원은 선물이요, 복음은 기쁜 소식이라면서 이것저것 요구하는 것이 너무 많아 선뜻 믿지 못하겠다고 하는 상황이니 말입니다. 물론 믿지 않으려는 자들의 핑계에 지나지 않을 수도 있습니다. 그러나 사도 바울이 말하는 참된 신앙생활을 우리 한국 교회가 제대로 추구하고 있는지를 다시 한 번 생각해 보면 좋겠습니다. 율법적인 신앙을 가르치고 있지는 않은지, 구원의 기쁨을 잃게 하고 있지는 않은지, 거짓 할례자의 길로 인도하고 있지는 않은지 돌아보아야 합니다. 또한 개인의 신앙생활이 종교 의식화되지는 않았는지 그리고 하나님께 은혜를 구하기보다는 제힘으로 힘겹게 살아가고 있지는 않은지 살펴봐야 합니다. 그리스도의 복음에 거짓을 보태지 않도록 주의하십시오.

거짓 유익 vs. 참 유익

둘째, 사도 바울은 거짓 유익과 참 유익을 분별할 것을 조언합니다.

> "그러나 무엇이든지 내게 유익하던 것을 내가 그리스도를 위하여 다 해로 여길뿐더러"(빌 3:7).

사도 바울은 자신이야말로 그가 개처럼 여기는 유대주의자들보다도 더한 사람이었음을 고백합니다. 사울 시절의 바울은 율법 그 자체였습니다. 유대인 가정에서 태어나 율법에 열심인 바리새파의 일원으로 성장한 그는 한마디로 출신, 배경, 학식 면에서 빠지는 것 없이 다 가진 엘리트였습니다. 그런데 그리스도인이 된 지금 돌아보니 그 모든 것이 무익하다고 말합니다.

"또한 모든 것을 해로 여김은 내 주 그리스도 예수를 아는 지식이 가장 고상하기 때문이라 내가 그를 위하여 모든 것을 잃어버리고 배설물로 여김은 그리스도를 얻고"(빌 3:8).

무익하다는 말로도 모자라 해롭다고 하더니, 그것도 부족한지 배설물로 여긴다고까지 말합니다. 바울은 이처럼 갈수록 점점 더 강하게 표현하는데, 무엇을 위함일까요? 바로 그리스도를 얻기 위함입니다. 오직 그리스도를 믿음으로 말미암아 의롭다 함을 얻을 수 있으므로 그 외의 것은 필요 없다는 고백입니다. 당시 누구나 부러워할 만한 높은 스펙을 자랑하던 그가 자신이 가졌던 모든 것을 부정한 것은, 그가 계산기를 아무리 두드려 봐도 예수 그리스도보다 더 가치 있는 것이 없다는 것을 깨달은 것입니다.

사실 예전에 그가 중요하게 여겼던 율법과 지식이 오히려 그토록 기다리던 메시아를 알아보지 못하게 방해하지 않았습니까? 사울이 그리스도인들을 잡으러 다메섹으로 갈 때 예수님이 친히 그를 만나 주시지 않았더라면 바울은 어떻게 되었겠습니까? 그러니 사도 바울은 예수 그리스도만이 그의 자랑이요, 자기는 그분 한 분만으로 족하다고 고백할 수밖에 없는 것입니다.

제가 어릴 때만 해도 전화하려면 수화기를 들고 둥그런

번호판을 숫자에 맞게 돌려야만 통화가 가능했습니다. 기능이라고는 통화 한 가지밖에 없었습니다. 그래도 집마다 없으면 안 되는 필수품이었습니다. 그런데 요즘은 어떻습니까? 젊은이에게 "빈티지 다이얼 전화기를 줄 테니 네 스마트폰을 내게 다오" 하고 말하면 무슨 소리냐고 할 것입니다. 기능적인 면에서 비교 불가하기 때문입니다. 스마트폰 하나만 있으면 통화는 물론 온라인 학습, 게임, 인터넷 검색, 소셜미디어, 은행 업무 등 웬만한 일을 다 처리할 수 있습니다. 스마트폰 하나로 족한 세상입니다. 구식 전화기는 골동 장식품으로나 쓸까, 디지털 유목민으로 불리는 현대인에게는 무용지물에 가깝습니다.

마찬가지로 율법은 이제 사도 바울에게는 구식 전화기에 불과합니다. 예수 그리스도 한 분으로 족한 세상을 만나니 이전 것은 무익할 뿐 아니라 해로울 지경이며 배설물보다도 못한 것이 되었습니다. 거짓 유익이었음을 깨달은 것입니다. 당신은 사도 바울처럼 "예수 그리스도만이 나의 자랑이요, 유익이니 주님 한 분만으로 족합니다"라고 고백해 본 적이 있습니까? 예수 그리스도 한 분만으로 만족하고 기뻐할 수 있다면, 우리 삶에 감사가 항상 넘칠 것입니다.

그래서인지 사도 바울은 주님 안에서 기뻐하라고 거듭 말합니다. 주님 안에 거하면 세상이 내게 붙인 가격표가 무

의미해집니다. 불평거리가 사라지고, 영원의 관점에서 현실을 바라보게 될 것입니다. 또한 삶의 분명한 목적과 사명을 깨닫게 될 것입니다. 예수 그리스도를 얻는 것보다 더 큰 유익은 없습니다.

그렇다고 세상 사람들이 높이 평가하는 것들이 죄다 악하고 나쁘다는 뜻은 아닙니다. 스펙 쌓기도 무시할 수 없습니다. 세상을 살아가는 데 필요하기 때문입니다. 다만 하나님 앞에서 의롭다 함을 받고 구원을 얻기에는 턱없이 부족할 뿐입니다. 예수 그리스도를 모르거나 거절하면 영생을 잃습니다. 온 세상을 다 가져도 삶에 예수님이 안 계시면 무슨 소용이 있겠습니까?

거짓된 앎 vs. 참된 앎

셋째, 바울은 거짓된 앎과 참된 앎을 분별하라고 조언합니다.

> "내 주 그리스도 예수를 아는 지식이 가장 고상하기 때문이라 … 내가 그리스도와 그 부활의 권능과 그 고난에 참여함을 알고자 하여 그의 죽으심을 본받아"(빌 3:8, 10).

사도 바울은 그리스도를 아는 것이 중요하다고 강조합니다. 사실 그리스도를 알아 가는 것은 사도 바울의 믿음 생활의 핵심이라고 할 수 있습니다. 이게 무슨 말입니까? 예수님을 믿으면 그 믿음으로 구원을 얻고 천국에 가는 것이 아닌가요? 그게 전부 아닙니까? 대체 무엇을 더 알아야 한다는 것일까요?

바울은 참된 앎이란 첫째, 그리스도의 부활의 능력을 아는 것이라고 말합니다. 부활의 능력은 죽음을 이긴 놀라운 능력입니다. 그리스도를 믿는 자마다 죽음을 이기고 부활을 경험하게 될 것입니다. 실제로 사도 바울도 이것을 체험해 보기를 간절히 소망했습니다. 그는 부활을 기대하며 진심으로 기뻐했고, 빌립보 교인들과도 그 기쁨을 나누고자 했습니다. 바울은 부활의 능력이 없다면 예수님을 믿는 사람들은 이 세상에서 가장 불쌍한 사람들일 것이라고 말합니다. 부활의 능력이 있기에 어떤 어려움과 고난이 닥쳐도 이겨 낼 수 있습니다.

참된 앎이란 둘째, 그리스도의 고난에 참여할 줄 아는 것입니다. 바울은 성도들이 부활의 능력만 알기를 원하지 않았습니다. 그 자신이 예수님을 더욱 알 수만 있다면 그로 인한 어떤 고난이나 박해도 두렵지 않았고, 그리스도를 전하는 수고를 마다하지 않았습니다.

그리스도의 고난에 참여하는 것은 예수님처럼 십자가에 매달리는 것만이 아닙니다. 실제로 필리핀의 어느 동네에서는 예수님이 사순절 기간에 겪으셨던 고난을 그대로 재연한다고 합니다. 예수님의 역할을 맡은 사람이 로마 군인으로 분장한 배우들에게 채찍을 맞고, 십자가를 짊어지고 언덕에 올라 못에 박히기까지 합니다. 심지어 십자가에 못 박히는 일을 30년 넘게 해 온 사람이 있다는데, 얼마나 힘들었을까요? 그에게는 안된 말이지만, 그건 다 헛일입니다. 구원의 십자가는 오직 주님만이 짊어지실 수 있고, 십자가 사건은 이미 완료된 일입니다. 성도 개인이 자신에게 주어진 사명을 십자가로 여기고 감당해 나가는 것이야말로 그리스도의 고난에 참여하는 것입니다.

참된 앎이란 셋째, 그리스도의 죽으심을 본받는 것입니다. 어떻게 본받을 수 있습니까? 예수 그리스도께서 나를 위해 죽으셨으니 내 삶은 더 이상 내 것이 아니요, 주님의 것임을 알면 본받을 수 있습니다. 사도 바울의 평생 표어가 무엇이었습니까?

"나는 죽었다! 죄에 대해 나는 죽었다. 나의 삶은 내 것이 아니라 주님의 것이다."

그는 죽기까지 이것을 다짐하고 또 다짐했습니다. 예수님을 다시 만날 그날까지 그렇게 살겠다는 것입니다. 그리스도의 죽으심을 본받는다는 것은 마음에 감동이 있을 때만 주님 뜻대로 살고 평소에는 자기 뜻대로 사는 것을 끝낸다는 것입니다. 왜입니까? 죽어야만 부활이 있기 때문입니다. 죽지 않으면 부활도 없습니다. 죽지 않았는데 어떻게 다시 살 수 있겠습니까?

이처럼 사도 바울이 가르치는 참된 앎은 아는 것에 그치지 않고 반드시 삶의 변화로 이어집니다. 그렇다면 거짓된 앎이란 무엇일까요? 머리로만 아는 것입니다. 저는 한석규라는 배우를 참 좋아합니다. 그가 나오는 드라마나 영화는 챙겨 보는 편입니다. 한번은 길을 지나다가 그가 카페에 앉아 있는 모습을 보게 되었습니다. 생각했던 것보다 체격이 왜소해서 아내가 말해 주지 않았으면 모르고 지나쳤을 것입니다. 좋아하는 배우가 눈앞에 있어도 알아보지 못할 정도인데, 과연 그를 안다고 할 수 있을까요? 드라마 속 캐릭터를 알 뿐이지 인간 한석규를 아는 것은 아닙니다.

예수님을 머리로만, 곧 지식적으로만 아는 것은 아예 모르는 것보다 더 독이 될 수 있습니다. 아무것도 모르면 오히려 더 순수하게 받아들일 텐데 말입니다. 교회에는 다양한 사람이 공존합니다. 구원받기 위해 예수님을 믿는 사람이 있는가 하면, 예수님을 믿음으로써 구원을 받는 사람이 있습니다. 천국에 가고 싶은 이유가 불타는 지옥에는 가기

싫어서인 사람이 있는가 하면, 사랑하는 예수님을 뵈옵고 싶어서라는 사람도 있습니다. 예수님에 관해 모르는 게 없는데다가 귀에 쏙쏙 들어오게 설명을 잘해 주는 사람이 있는가 하면, 겉보기에는 어눌해 보여도 말과 행동에서 예수님의 사랑이 느껴지는 사람이 있습니다. 예수님의 축복은 반기면서도 고난과 박해는 거절하는 사람이 있는가 하면, 예수님과 함께라면 축복이든 고난이든 달게 받는 사람이 있습니다. 사실 이 모두는 우리의 이전 모습이나 현재 모습이기도 합니다.

무엇보다 자신의 신앙을 먼저 살펴보기를 바랍니다. '나는 마음의 할례를 받은 참 할례자인가? 그리스도를 얻는 것이야말로 참 유익임을 아는가? 예수님의 고난과 죽으심과 부활을 앎으로써 삶이 변화되었는가?' 사도 바울의 조언을 따라 거짓 믿음과 참 믿음을 분별하여 주님 안에서 기쁜 삶을 사십시오.

"내가 이미 얻었다 함도 아니요 온전히 이루었다 함도 아니라 오직 내가 그리스도 예수께 잡힌바 된 그것을 잡으려고 달려가노라 형제들아 나는 아직 내가 잡은 줄로 여기지 아니하고 오직 한 일 즉 뒤에 있는 것은 잊어버리고 앞에 있는 것을 잡으려고 푯대를 향하여 그리스도 예수 안에서 하나님이 위에서 부르신 부름의 상을 위하여 달려가노라 그러므로 누구든지 우리 온전히 이룬 자들은 이렇게 생각할지니 만일 어떤 일에 너희가 달리 생각하면 하나님이 이것도 너희에게 나타내시리라 오직 우리가 어디까지 이르렀든지 그대로 행할 것이라"(빌 3:12-16).

8.

성숙한 신앙이 남긴 은혜의 흔적

세상 가운데 말씀으로 생명의 빛을 비추고 있는가?

빌립보교회는 바울의 제2차 전도 여행 중에 세워진 유럽 최초의 교회입니다. 사도 바울이 힘들 때마다 물심양면으로 도왔고, 그가 가르친 대로 그리스도의 복음을 실천했던 교회입니다. 그래서인지 바울은 유독 빌립보교회를 아꼈습니다.

그러나 자기 집을 기꺼이 내주어 첫 근거지를 만들어 준 자색 옷감 장수 루디아가 없었더라면 빌립보교회는 탄생하지 못했을지도 모릅니다. 그녀 덕분에 이방 땅 마게도냐에 하나님의 교회가 세워졌습니다. 루디아가 어떤 삶을 살아왔는지는 알려진 바가 없지만, 여성이 홀대받던 시대에 자색 옷감 장사를 할 만큼 당찬 인물이었으리라 짐작됩니다. 그런 그녀는 사도 바울을 도와 빌립보교회의 토대를 마련하면서 영적으로도 날로 성숙해 갔을 것입니다.

피조물로서 우리 인생의 목적은 하나님께 영광을 돌리는 것입니다. 그러기 위해서는 예수 그리스도 안에서 날마다 영적으로 성숙해 가야 합니다. 영적으로 성숙한 성도는 어떤 삶을 살아갈까요? 루디아나 바울처럼 신앙의 성장과 변화를 겪은 사람들이 영적으로 성숙해 가기 마련입니다. 사도 바울의 간증을 통해 성숙한 성도는 어떤 궤적을 남기는지 알아보고자 합니다.

온전함을 주장하지 않는다

사도 바울은 명실공히 초대 교회를 대표하는 인물입니다. 예수님을 만나기 전에는 누구보다도 앞장서서 교회를 박해했지만, 예수님을 만나고 나서는 선교 사역에 모든 것을 바쳤습니다. 열정도 대단했지만, 특히 능력 면에서도 그를 따라잡을 사람이 없을 정도로 탁월했습니다. 역사적으로 그만큼 훌륭한 선교사가 없었으니 앞으로도 다시 보기가 힘들 것입니다. 그런 위대한 바울이 자신에 관해서 이렇게 말합니다.

> "내가 이미 얻었다 함도 아니요 온전히 이루었다 함도 아니라"(빌 3:12상).

> "형제들아 나는 아직 내가 잡은 줄로 여기지 아니하고"(빌 3:13상).

자신이 무엇인가를 이미 이루었거나 온전한 사람이 되었다고 여기지 않는다는 것입니다. 여기서 성숙한 성도가 남기는 첫 번째 궤적을 찾아볼 수 있습니다.

첫째, 성숙한 성도는 온전함을 주장하지 않습니다. 영적으로 온전한 사람은 세상에 아무도 없습니다. 만약에 자신이 영적으로 온전하다고 주장하는 사람이 있다면 조심해야 합니다. 노력하면 온전해질 수 있다는 생각은 잘못된 것입니다.

어떤 사람이 위대한 설교가요, 목회자인 찰스 스펄전(Charles Haddon Spurgeon)을 찾아와 자기는 흠 없이 완전한 교회를 찾아다니는 중이라면서 "당신의 교회는 흠 없는 교회입니까?"라고 물었습니다. 그러자 스펄전이 이렇게 대답했습니다.

"우리 교회에는 거룩하고 진실한 그리스도인이 많습니다. 그러나 예수님의 열두 제자 가운데 가룟 유다가 있었던 것처럼 교인 중에는 유다 같은 배신자도 있을 것이고, 하나님만 섬기는 것이 아니라 우상을 함께 섬기는 사람도 있을 것이고, 행실이 올바르지 못한 사람도 있을 것입니다. 그러니 우리 교회는 당신이 찾는 교회가 아닌 것 같습니다. 흠 없이 완전한 교회가 과연 존재할지 의문입니다만, 만약 그런 교회를 찾게 되더라도 당부하건대 부디 그 교회에는 등록하지 말아 주십시오. 당신이 등록하는 순간, 그 교회는 흠 있는 교회가 되어 버릴 테니 말입니다."

우리가 조심해야 할 점을 스펄전 목사가 지적해 주었습니다. 우리는 완벽한 교회, 완벽한 리더를 찾곤 합니다. 하지만 세상에 그런 교회나 리더는 없습니다. 세상에 의인은 없나니 하나도 없습니다. 이 사실을 인정하면 겸손하지 않을 수가 없습니다. 성도는 영적으로 성숙할수록 겸손해집니다. 성숙한 성도는 주께 하듯 하나님이 세우신 교회와 리더를 섬기며 그들의 부족한 부분을 묵묵히 채워 줍니다.

알이 꽉 찬 곡식은 고개를 숙이고, 쭉정이는 고개를 빳빳이 드는 법입니다. 신앙의 연수가 늘면 늘수록, 말씀을 알면 알수록 더욱 겸손해지는 것이 옳습니다. 범사에 잘되고 강건할 때, 학업이나 일에서 성공할 때일수록 겸손해야 합니다. 사도 바울이 그랬던 것처럼 무엇인가 이루었다는 영적 교만에 빠지지 않도록 항상 경계하고, 스스로 온전하다고 착각하지 않도록 주의해야 합니다.

혹시 세상에 완벽한 교회도, 완벽한 리더도 없다는 말에 절망감을 느끼는 사람이 있다면, '어떻게 교회가 그럴 수 있는가? 어떻게 영적인 리더가 그럴 수 있는가?' 하고 낙심하는 사람이 있다면 "믿음의 주요 또 온전하게 하시는 이인 예수를"(히 12:2) 바라보라고 하신 성경 말씀을 기억하십시오. 그리고 하나님 앞에 자신의 영적인 부족함을 솔직하면서도 겸손하게 인정하십시오. 온전하신 예수 그리스도께서 성숙한 성도를 붙잡아 주시니 절망하거나 낙심할 필요가 없습니다.

예수께 잡힌바 되다

둘째, 성숙한 성도는 예수님이 붙잡아 주심을 기억하며 살아갑니다.

"오직 내가 그리스도 예수께 잡힌바 된 그것을 잡으려고 달려가노라"(빌 3:12하).

"그리스도 예수 안에서 하나님이 위에서 부르신 부름의 상을 위하여 달려가노라"(빌 3:14).

12절에서 주목할 단어는 '잡히다'입니다. 이것은 '사로잡히다'라는 의미로, 바울이 다메섹 도상에 나타나신 예수님을 만나 크게 변화되었던 사건을 떠올리게 하는 표현입니다. 사도 바울이 위대한 선교사가 될 수 있었던 것은 예수님께 잡힌바 된 덕분입니다. 또한 그가 평생 예수님을 붙좇게 된 것도 예수님이 먼저 그를 붙잡아 주셨기 때문입니다. 즉 우리가 주님을 붙잡고 나아가는 것 같지만 실은 주님이 먼저 우리를 붙잡으신 덕분이며, 우리 힘으로 하는 것은 아무것도 없다는 뜻입니다. 그러므로 우리는 날마다 겸손해야 합니다.

성도라면 누구나 예수님을 자신의 주로 고백한 구원의 경험이 있을 것입니다. 그리고 하나님께 사명을 받고 감격한 경험도 있을 것입니다. 그때마다 우리가 한 것이 있습니까? 없습니다. 우리는 아무것도 한 것이 없습니다. 하나님이 우리를 불러 구원으로 이끄셨고, 하나님이 우리에게 사명을 주셨습니다.

대학 총장으로서 10여 년간 섬기는 동안에 정말로 힘들고 어려운 고비가 많았습니다. 그때마다 '예수께 잡힌바' 된 종으로서 하나님의 전적인 은혜로 모든 난관을 돌파해 나갈 수 있었습니다. 특히 최근 몇 년간은 재정적으로 힘들었는데, 얼마나 애가 타던지 눈물깨나 흘렸습니다. 현실적인 어려움에 부딪혀 부득이 온 구성원에게 고통 분담을 호소했습니다. 그런데 반응이 기대와 달랐습니다. 그동안 학교 운영을 맡은 총장으로서 교직원들에게 최상의 대우를 하기 위해 힘껏 애써 왔건만 서로의 생각이 어긋난 것입니다.

급기야 교직원들에게 급여를 지급하지 못할 것 같은 위기가 닥쳤습니다. 피가 마르는 듯했습니다. 두려운 마음에 개인적으로 빚을 내서라도 구멍을 막아 보려 했는데, 문득 성령께서 마음에 "너는 아무것도 하지 마라. 내가 한다"라고 말씀하시는 것만 같았습니다. 제힘으로 해결하려던 조급함을 내려놓고 잠시 기다렸습니다. 그러자 1억여 원의 후원금이 새로 들어오고, 석 · 박사 입학 정원이 채워지더니 인사 관리로 지출이 줄고, 회계 정리를 통해 누락되었던 돈을 찾으면서 애초에 예상했던 3억 원의 적자를 채우고도 남아 오히려 6천만 원의 흑자가 났습니다. 정말로 죽다 살아난 것 같았습니다.

예수님이 우리에게 말씀하십니다. "내가 너를 붙잡고 있으니 안심해라." 자신의 힘을 의지하지 말고, 성령의 음성에 귀 기울이십시오.

> "여호와께서 집을 세우지 아니하시면 세우는 자의 수고가 헛되며 여호와께서 성을 지키지 아니하시면 파수꾼의 깨어 있음이 헛되도다"(시 127:1).

제아무리 노력하고 애써도 하나님이 하시지 않으면 안 됩니다. 내 생각이 옳은 것 같아도, 내 뜻을 관철하고 싶은 욕심이 들어도 모두 내려놓고 예수님께 붙잡힌바 되십시오. 그러면 주님이 함께하십니다. 주님이 도우시고, 주님이 친히 행하실 것입니다. 성숙한 성도는 주님이 "하나님을 사랑하는 자 곧 그의 뜻대로 부르심을 입은 자들에게는 모든 것이 합력하여 선을"(롬 8:28) 이루게 하시는 분임을 믿습니다.

어머니는 원래 제가 의대에 진학하기를 희망하셨습니다. 제 성향이나 소질과는 상관없이 말입니다. 참고로 저는 붉은 피만 봐도 소름 돋아 할 정도로 겁이 많고, 이과형보다는 문과형에 가깝습니다. 그런 저더러 의대에 가라고 하시니 고등학교 시절은 온통 방황하는 인생이었습니다. 지금 생각해 보면 왜 그랬나 싶지만, 내성적인 성격이라 부모님께 “저는 의대에 가고 싶지 않습니다”라고 말 한마디 못한 채 3년 내내 ‘내 인생의 목적은 무엇인가’를 자문했습니다. 그러다가 3학년 2학기가 되었는데도 앞으로 어떻게 살아야 할지 몰라 막막하기만 해서 치열하게 고민하며 기도했습니다. 그때 하나님이 저를 목회자로 불러 주셨습니다. 그제야 비로소 제 삶에 의미가 생겼습니다.

지나온 30년을 돌아보면, 저는 예수님께 잡힌바 된 인생을 살아왔습니다. 서울의 가난한 달동네 개척 교회 목사의 아들로 태어나서 기쁘고 즐거울 때도 있었지만, 그에 못지않게 힘들고 슬펐던 때도 많았던 것 같습니다. 그러나 지금까지 잘 버티며 살아올 수 있었던 것은 하나님이 저를 목회자로 부르셨다는 소명이 있었기 때문입니다.

우리는 그리스도를 주로 고백하는 주님의 거룩한 백성입니다. 우리가 하나님께 부름을 받아 성도가 되고, 매주 교회에 모여 예배를 드리고 직분을 맡아 봉사하는 것은 모두 주님께 잡힌바 된 덕분입니다. 아이가 부모의 손을 잡고 걸음마를 연습할 때, 아이가 제힘으로 부모의 손을 잡는 것일까요, 아니면 부모가 아이의 손을 잡아 주는 것일까요? 사실 부모가 아이를 붙잡고 있는 것입니다. 부모는 그 작은 손을 붙잡아 지탱해 줄 뿐만 아니라 아이에게 필요한 것을 공급해 주고, 버팀목이 되어 주고, 아이가 앞으로 나아갈 수 있도록 이끌어 줍니다. 마찬가지로 부르신 첫날부터 지금까지 돌보아 주신 것처럼 주님은 우리를 천국에 이르기까지 끝까지 붙잡아 주실 것입니다.

푯대를 향해 나아간다

그렇다면 자신의 온전함을 주장하지 않고 예수께 잡힌바 됨을 기억하며 살기만 한다면 성숙한 성도라고 할 수 있을까요? 아닙니다. 왜냐하면 성숙한 성도는 안주하는 법이 없기 때문입니다. 그다음이 더 중요합니다. 그래서 셋째, 성숙한 성도는 영원한 상급을 바라보며 오직 예수 그리스도를 본받기 위해 날마다 힘써 나아갑니다.

> "형제들아 나는 아직 내가 잡은 줄로 여기지 아니하고 오직 한 일 즉 뒤에 있는 것은 잊어버리고 앞에 있는 것을 잡으려고 푯대를 향하여 그리스도 예수 안에서 하나님이 위에서 부르신 부름의 상을 위하여 달려가노라"(빌 3:13-14).

바울은 그리스도 예수안에서 하나님이 주실 영원한 상급을 얻기 위해 달려갑니다. 그것도 '뒤에 있는 것은 잊어버리고' 푯대를 향하여 나아갑니다. 무엇을 잊는다는 것일까요? 기억 상실증에라도 걸렸다는 것입니까? 아닙니다. 그동안 그가 쌓아 온 것들, 곧 업적이든 실패든 어떤 것에도 얽매이지 않겠다는 뜻입니다. 예전에 얼마나 많이 전도했고, 기도했고, 헌금했고, 헌신했든, 또는 다른 사람들을 얼마나 박해하고 자신이 얼마나 형편없이 살았든, 그런 것들에 얽매여 시간을 낭비하지 않겠다는 것입니다.

사도 바울이 빌립보교회에 보내는 편지를 쓴 시기는 다메섹 도상에서 그리스도께 붙잡힌바 된 후 30년 정도 흐른 뒤였습니다. 성경학자들에 의하면 그때 그의 나이가 벌써 예순이 넘었을 것으로 보입니다. 그동안 그는 여러 지역을 돌며 곳곳에 수많은 교회를 세웠고, 그 과정에서 죽을 고비를 몇 번이나 넘겼습니다. 그런데도 그는 자신의 지난 업적을 내세우거나 자만하지 않고, 예전 것에 얽매이지 않을뿐더러 '앞에 있는 것을 잡으려고 푯대를 향하여' 전진한다고 말합니다.

그 푯대는 예수 그리스도를 온전히 본받는 것이고, 하늘나라의 영원한 상급을 받기 위한 것입니다. 피상적인 목표가 아니라, 그의 온 삶과 경험을 통해 그리스도의 고난과 부활에 참여하여 죽기까지 그리스도를 본받는 것입니다. 이것이 그가 원하는 바입니다.

당신에게는 푯대가 있습니까? 그 푯대는 무엇입니까? 나이가 너무 많다고 또는 너무 적다고 자포자기하며 살고 있지는 않습니까? 한때는 젊은 세대를 가리켜 연애, 결혼, 출산 세 가지를 포기한 삼포 세대라고 부르더니 요즘은 포기해야 할 게 너무 많아서 N포 세대라고 한답니다. 그러나 포기할 게 많다 보면 푯대를 잊거나 놓치기 쉽습니다. 자포자기뿐 아니라 자신의 배경이나 업적을 너무 귀히 여기는 것도 영적 성숙에 걸림돌이 될 수 있습니다. "내가 누군데. 이래봬도 난 이렇게 잘난 사람이야. 그 사람들과 나는 수준이 달라." 이런 식의 사고방식은 결코 자신이나 다른 사람들을 예수님께 가까이 나아가게 하지 못합니다. 오히려 도저히 전진하지 못하도록 길을 가로막는 역할을 합니다. 자포자기하는 심정이든 높은 자존심이든 자만심이든 모든 것을 내려놓아야 합니다. 왜냐하면 마지막 심판 날에는 그 무엇도 쓸모가 없기 때문입니다.

성숙한 성도는 오로지 푯대를 바라보고 달려갑니다. 오직 예수 그리스도를 얻는 상급을 바라보며 나아가는 것입니다. 우리는 예수 그리스도를 알고, 본받아야 합니다. 예수 그리스도를 아는 지식이 가장 고상하기 때문입니다. 예수 그리스도를 아는 지식이 무엇입니까? 머리뿐 아니라 온몸으로 그리스도의 생각과 마음을 본받아 십자가의 죽음에 동참하여 주와 함께 부활의 능력을 맛보는 것입니다.

바울은 마지막 심판 날에 하나님의 보좌 앞에 나아가 영원한 상급을 받을 것을 기대하며 바라봤습니다. 그렇습니다. 우리가 소망하는 상급은 이 땅에 있지 않고 하나님께 있습니다. 우리의 상급은 썩어 없어질 것이 아니라 영원한 것임을 믿으십시오. 예수 그리스도를 죽기까지 본받기로 결단할 때, 하나님이 우리에게 주실 영원한 상급에 한 걸음 더 가까워지는 것입니다. 그러므로 한 가정의 아버지나 어머니는 무엇보다도 자녀의 영적 성숙을 위해 힘써야 합니다. 그들이 이 땅에서 공부하거나, 직장에 다니거나, 사업하거나, 살림하거나, 봉사하거나 매사에 예수 그리스도를 본받는 마음으로 하나님께 영광을 돌리도록 열심히 양육하십시오.

복음 증거의 상처와 흔적

존 버니언(John Bunyan)의 《천로역정》은 기독교 역사상 최고의 책으로 꼽힙니다. 존 버니언은 한 순례자의 지극히 선하고 거룩한 여정의 끝을 이렇게 묘사합니다.

> 진리의 용사 씨가 다른 사람과 같이 부름 받았다는 소문이 널리 퍼졌다. 그 부름이 참이라는 표시로 그는 이 말씀을 받았다. "항아리가 샘 곁에서 깨어지고"(전 12:6). 그 말씀을 깨닫자 그는 친구들을 불러 그것을 이야기해 주었다. 그러고 나서 이렇게 말했다. "나는 이제 내 아버지 집으로 가려 하네. 큰 어려움도 있었지만, 여기까지 왔군. 하지만 여기까지 오면서 부닥친 모든 크고 작은 어려움을 후회하지는 않네. 내 순례길을 뒤따라오는 사람에게 내 검을 줄 뿐 아니라, 그 검을 가질 수 있는 용기와 솜씨도 주겠네. 나는 내게 상 주실 그분의 싸움을 싸운 사람임을 증거하는 상처와 흔적을 몸에 지녔다네."•

이 시대 한민족의 희망이자 세계 열방을 향한 복음 전도의 희망이 되는 사람은 바로 예수 그리스도의 부활의 능력을 믿는 성숙한 성도입니다. 하나님은 자신의 불완전함과 주님의 붙드심을 알고 영원한 상급을 바라보며 푯대를 향해 나아가는 성숙한 성도를 찾으십니다. 주께서 다

• John Bunyan, *The Pilgrim's progress*, The New American Library, p.281(저자 번역).

시 오시는 그날, 모든 어려움을 이겨 내고 주님을 기쁘시게 해 드리기까지 날로 성숙해 가는 성도가 되기를 바랍니다.

"형제들아 너희는 함께 나를 본받으라 그리고 너희가 우리를 본받은 것처럼 그와 같이 행하는 자들을 눈여겨보라 내가 여러 번 너희에게 말하였거니와 이제도 눈물을 흘리며 말하노니 여러 사람들이 그리스도의 십자가의 원수로 행하느니라 그들의 마침은 멸망이요 그들의 신은 배요 그 영광은 그들의 부끄러움에 있고 땅의 일을 생각하는 자라 그러나 우리의 시민권은 하늘에 있는지라 거기로부터 구원하는 자 곧 주 예수 그리스도를 기다리노니 그는 만물을 자기에게 복종하게 하실 수 있는 자의 역사로 우리의 낮은 몸을 자기 영광의 몸의 형체와 같이 변하게 하시리라 그러므로 나의 사랑하고 사모하는 형제들, 나의 기쁨이요 면류관인 사랑하는 자들아 이와 같이 주 안에 서라"(빌 3:17-4:1).

9.

본이 되는 굳건한 믿음

남들이 보지 않는 곳에서도 부끄럽지 않은 믿음을 가졌는가?

예측을 불허하는 세상입니다. 2019년 말부터 2023년 6월까지 코로나19 바이러스로 인한 전 세계 사망자 수가 약 690만 명이나 됩니다. 팬데믹으로 인해 각 나라는 물론 개인이나 교회도 무척 힘든 시기를 보내고 있습니다. 금전적인 피해는 말할 것도 없고, 영혼과 마음의 상처 또한 너무 깊습니다. 이 모든 상황을 한마디로 표현하면 '혼란'입니다.

교회의 성도 수는 계속해서 줄어드는데, 코로나가 종식되었다고는 하지만 앞으로 교회가 어떻게 될지 혼란스럽기만 합니다. 마찬가지로 성도 개인의 삶 또한 혼란스럽습니다. 정신을 똑바로 차리지 않으면 세상사에 휘둘려 믿음에서 멀어진 삶을 살 수도 있습니다. 성경은 예수님이 다시 오실 때까지 세상은 갈수록 더 혼란스러워질 것이라고 말합니다.

초대 교회 당시 빌립보교회는 우리 못지않게 혼란스러운 시기를 보냈습니다. 그것도 성도 간의 갈등 때문에 말입니다. 사도 바울은 마음이 몹시 아팠을 것입니다. "나의 사랑하고 사모하는 형제들, 나의 기쁨이요 면류관인 사랑하는 자들아"(빌 4:1). 이 구절만 봐도 바울이 그들을 얼마나 애지중지하며 아꼈는지를 알 수 있지 않습니까? 그는 어려움을 겪고 있는 성도들에게 믿음을 굳건히 하고 바로 서라고 말합니다.

그렇다면 어떻게 해야 이런 혼란스러운 세상 가운데 굳건히 바로 설 수 있을까요? 사도 바울이 사랑하는 빌립보 교인들에게 건넨 세 가지 조언에서 그 답을 찾을 수 있을 것입니다.

보고 배우고 본받으라

첫째, 모범적인 그리스도인의 삶에서 배우고, 그들을 본받으십시오. 사도 바울은 그들에게 "형제들아 너희는 함께 나를 본받으라 그리고 너희가 우리를 본받은 것처럼 그와 같이 행하는 자들을 눈여겨보라"(빌 3:17)라고 조언합니다. 바울은 늘 믿음을 강조해 왔습니다. 그런데 이 부분은 물론 구절의 앞뒤를 봐도 믿음에 관한 이야기가 없습니다. 대신 행실에 초점을 두어 말합니다. 왜 그렇습니까? 진짜 믿음은 말이 아닌 행실을 보고서야 가늠할 수 있기 때문입니다. 그만큼 행실, 곧 몸가짐이 중요합니다.

인간은 누구나 불완전합니다. 예수 그리스도를 좇는 그리스도인들도 예외일 수 없습니다. 그래도 본받을 만한 믿음의 사람은 있는 법입니다. 바로 바울이 그런 사람입니다. 그는 빌립보 교인들에게 "나를 본받으라"라고 자신 있게 말합니다. 그뿐 아니라 그의 곁에서 보고 배웠을 디모데와 에바브로디도를 자신을 대신할 사람으로 자신 있게 소개합니다. 이런 사람을 가리켜 롤 모델이라 합니다.

우리는 흔히 다른 사람들이 하는 것을 관찰하면서 배웁니다. 예술이든 사업이든 스포츠든 막론하고 모든 분야가 그렇습니다. 저는 어려서부터 취미가 수영인데, 사실 제대로 배운 적 없이 저 편한 대로 헤엄치는 수준이었습니다. 그러다가 팬데믹이 닥치기 2년여 전쯤에 동네 뒷산에 있는 스포츠센터에서 수영 강습을 처음 받게 되었습니다. 호흡과 발차기 등 기초 동작부터 차근차근 배워 나갔는데, 이때

학생에게 선생님의 한마디가 얼마나 중요한지를 새삼 깨달았습니다. 단체 강습이라 세세한 것까지는 묻기가 어려워 유튜브를 참고하기도 했습니다. 자유형, 배영, 평영, 접영 등의 동작을 느린 화면으로 반복 시청하면서 배웠더니 수영 실력이 날로 향상되었습니다. 저보다 수영을 잘하는 사람을 보고 배운 덕분입니다.

설교도 그렇습니다. 몇 년 전에 손석태 명예총장님이 저의 채플 설교를 칭찬하며 어디서 배웠느냐고 물으셔서 제가 수학했던 미국 트리니티 복음주의 신학대학원에서 설교학의 기초를 배웠노라고 간단히 대답해 드렸습니다. 실제로 그곳에서 본문 석의에 관해 깊이 공부한 바 있습니다. 그러나 제 설교에 터닝 포인트를 주신 분들은 따로 있습니다. 많은 분이 계시지만, 특히 제가 박사 과정을 했던 바이올라대학교 탈봇신학대학원의 설교학 교수로 섬기시는 두 분의 가르침이 가장 컸습니다. 바로 켄트 에드워드(Kent Edward) 교수와 도널드 스누키안(Don Sunukjian) 교수입니다. 에드워드 교수님은 복음주의적 개혁주의 신학교로 유명한 고든코넬신학교에서 설교학을 가르치다가 탈봇으로 스카우트된 분으로 제 지도 교수이셨고, 스누키안 교수님은 강해 설교의 본거지인 달라스신학교에서 설교학을 가르치다가 탈봇으로 옮겨 오신 분입니다. 두 분 다 강해 설교의 대가인 해돈 로빈슨(Haddon W. Robinson) 교수의 제자이자 설교학 동료 교수이기도 했습니다. 두 분의 저서와 강의 그리고 개인적인 만남 덕분에 설교에 관한 통찰력을 얻을 수 있었습니다.

이처럼 우리는 롤 모델을 보고 따라 하면서 실질적으로 성장하곤 합니다. 멀리서 찾을 것 없이 주변에서 그 분야에 탁월한 사람을 찾아가 배우고, 평가하고, 모방해 보십시오. 그러나 보고 배울 만한 롤 모델이 주변에 없더라도 염려하지 마십시오. 예수 그리스도만큼 훌륭한 롤 모델이 없으십니다. 겸손한 자세로 배우고 익히기를 바랍니다.

냉철하게 분별하고 경계하라

둘째, '그리스도의 십자가의 원수'로 살아가는 사람들을 분별하고 경계하십시오.

> "내가 여러 번 너희에게 말하였거니와 이제도 눈물을 흘리며 말하노니 여러 사람들이 그리스도의 십자가의 원수로 행하느니라 그들의 마침은 멸망이요 그들의 신은 배요 그 영광은 그들의 부끄러움에 있고 땅의 일을 생각하는

자라"(빌 3:18-19).

대체 어떤 사람들이 십자가의 원수, 곧 적이 될까요? 아마 믿지 않는 사람들을 먼저 떠올리게 될 것입니다. 그런데 여기서 사도 바울이 말한 '여러 사람들'이란 믿지 않는 사람들이 아니라 믿는 사람들, 그중에서도 지도자급에 있는 사람들을 가리킵니다. 그래서 로마 감옥에 갇힌 바울이 눈물을 흘리며 이 편지를 쓰고 있는 것입니다. 원래 원수였던 사람이 훼방하는 것보다 한 형제자매로 여겼던 사람이 배신하는 게 더 뼈저리게 아픈 법이니 말입니다.

당시 빌립보교회에는 유대주의자와 진보적인 이방인이라는 두 부류가 있었습니다. 유대주의자는 자기 의로 구원받을 수 있다고 생각하는 사람의 무리로 유대 전통인 율법과 할례를 지켜야 구원받을 수 있다고 주장했습니다. 반면에 이방인 출신의 자유분방한 그리스도인들은 아무리 죄를 지어도 은혜로 구원받을 수 있다고 주장하며 복음을 모든 것을 허용하는 쾌락주의로 변질시켰습니다. 그러나 바울은 "모든 것이 가하나 모든 것이 유익한 것은 아니요"(고전 10:23)라고 분명히 밝힌 바 있습니다. 오늘날에도 이와 비슷한 생각을 하는 사람들이 있을 수 있습니다. 그러므로 미혹되지 않도록 늘 깨어 있어야 합니다. 주님께 분별력을 달라고 기도해야 합니다.

바울은 전에도 여러 번 이 문제를 지적했었습니다. 그런데도 '그리스도의 십자가의 원수'로 행하는 자들이 여전히 많다는 사실에 가슴 아파합니다. 그들의 마지막은 멸망일 수밖에 없는데, 그들은 땅의 것만 생각하고, 수치를 영광으로 삼으며, 육신의 욕망을 신으로 섬기기 때문입니다. 우리 주변에서도 이런 사람들을 심심찮게 볼 수 있지 않습니까? 하나님을 믿는다고 하면서도 자기가 왕이요, 주인인 사람들, 다른 사람들의 유익에는 관심 없고 오로지 자기 유익만을 추구하며 나만 행복하면 된다는 사람들, 하나님께 영광을 돌리지 않고 자신에게 모든 영광을 돌리는, 부끄러움을 모르는 사람들 말입니다.

저는 현대 복음주의의 아버지로 불리는 조나단 에드워즈(Jonathan Edwards)를 좋아하는데, 그는 많은 미국 목회자의 롤 모델이기도 합니다. 복음주의적 개혁주의를 추구하는 목회자라면 종교 개혁자 존 칼빈(John Calvin)과 더불어 조나단 에드워즈도 깊이 연구할 필요가 있습니다. 18세기, 아직 독립하기 전의 미국은 서부 개척 붐과 아메리카 대륙의 지배권을 쟁취하기 위한 전쟁으로 인해 정치적으로 매우 불안한 상태였습니다. 그때 구원 투수처럼 나타나서 영적 대각성을 주도한 인물이 바로 조나단 에드워즈입니다.

그런 그가 자신의 외조부인 솔로몬 스토다드(Solomon Stoddard)가 목회하던 노스햄튼교회에서 22년간 목회하다가 쫓겨나는 변을 당했습니다. 이유가 무엇일까요? 많은 교인의 구원에 합당하지 않은 삶의 모습을 본 에드워즈 목사가 성도들에게 경종을 울리기 위해 성찬에 아무나 참여하지 못하도록 제한했기 때문입니다. 그러자 성도들이 거세게 반발하여 역풍을 맞게 된 것입니다. 250명의 교인이 모여 조나단 에드워즈의 신임을 두고 투표한 결과 찬성이 23표에 그치는 바람에 교회에서 쫓겨나게 되었습니다. 미국의 영적 대각성 운동을 이끈 대신학자가 자기 교회에서 쫓겨나다니, 말이 됩니까?

어쩌다가 이런 아이러니한 상황이 벌어지게 된 것일까요? 한마디로 거듭남에 관한 견해 차이 때문입니다. 사실 노스햄튼교회는 에드워즈가 목회하기 이전부터 성찬에 관해 신학적으로 자유주의적인 태도를 보여 왔습니다. 즉 원래 성찬은 거듭난 성도가 참여하는 예식인데, 누구나 성찬에 참여할 수 있을 뿐만 아니라 성찬을 통해 거듭날 수 있다고 가르쳐 왔던 것입니다. 그러나 에드워즈는 이 잘못된 관행을 바로잡기 위해 예수 그리스도를 주로 고백하고 세례를 받은 사람만이 성찬에 참여할 수 있게끔 제한했고, 성도들의 반대에 부딪혀 결국 해임되고 말았습니다. 당시 사람들은 에드워즈를 시대에 뒤떨어진 구식 목사라고 몰아붙였지만, 과연 누가 옳았는지는 역사가 말해 주지 않습니까?

천국 시민으로서 소망하라

셋째, 우리의 시민권은 하늘에 있음을 기억하십시오.

> "그러나 우리의 시민권은 하늘에 있는지라 거기로부터 구원하는 자 곧 주 예수 그리스도를 기다리노니 그는 만물을 자기에게 복종하게 하실 수 있는 자의 역사로 우리의 낮은 몸을 자기 영광의 몸의 형체와 같이 변하게 하시리라" (빌 3:20-21).

당시 빌립보는 로마 제국의 식민지였습니다. 빌립보 시민은 로마에서 살고 있지는 않지만 로마 제국의 시민권은 가지고 있었습니다. 그러나 식민지 주민이라는 한계가 있으므로 시민권 행사가 쉽지는 않았을 것입니다. 제국의 아웃사이더일 수밖에 없는 그들에게 천국 시민권이 있다는 바울의 말이 얼마나 와 닿았겠습니까? 지금은 식민지에서 이등 시민으로 초라하게 살지만, 언젠가는 천국에 일등 시민으로 들어가 당당하게 살게 될 것입니다.

그렇다면 천국의 소망을 품은 사람은 '그리스도의 십자가의 원수'로 행하는 자들과 어떤 점에서 다를까요? 먼저, '그리스도의 십자가의 원수'로 행하는 자들의 마지막은 '멸망'이라고 했습니다. 그러나 천국의 소망을 품은 사람의 마지막은 '영생'입니다. 종착역이 다릅니다. 교회의 일원이라고 해서 무조건 천국에 들어가는 것은 아닙니다. '그리스도의 십자가의 원수'로 행하는 명목상의 그리스도인도 있기 때문입니다. 두 번째로, 원수로 칭하는 그들의 신은 '배', 곧 육신의 욕망이라고 했습니다. 그러나 천국의 소망을 품은 사람은 예수 그리스도를 주로 고백합니다. 따라서 자기 육신의 욕망을 따르기보다는 그리스도께 받은 사명에 따라 순종하는 삶을 삽니다. 마지막으로, 그들의 영광은 수치뿐이지만, 천국의 소망을 품은 사람의 영광은 부활입니다. 예수님이 다시 오시는 그날, 그리스도의 영광의 몸처럼 우리 몸도 영광스럽게 될 것입니다.

사도 바울은 누구보다도 탁월한 지식과 열정을 품은 목회자였습니다. 그러나 그가 사랑한 빌립보교회에는 신실한 그리스도인들만 있었던 것은 아닙니다. 율법과 할례를 지켜야 구원받을 수 있다고 주장하거나 구원받은 자에게는 모든 것이 허용된다고 주장하여 주의 어린양들을 현혹

하는 십자가의 원수 무리도 있었습니다. 영국의 대표적인 청교도 목회자 리처드 백스터(Richard Baxter)는 은혜에 관해 이렇게 말합니다.

"사실 이것이 가장 보편적인 신앙의 상태다. 사람들은 대부분 낮은 수준의 은혜에 만족하기 때문에 그들을 높은 수준의 은혜로 끌어올린다는 것은 쉬운 일이 아니다. 그들에게 더 높고 엄격한 평가를 내리는 것은 쉬운 일이다. 그러나 그들의 지식과 재능을 더하기란 쉽지 않다. 은혜를 더하는 것은 가장 어려운 일이다."

유대주의자나 자유주의자는 낮은 수준의 은혜밖에 모르는 사람들입니다. 그들을 높은 수준의 은혜로 끌어올리기란 쉬운 일이 아닐 것입니다. 우리는 무엇보다도 사도 바울을 본받아 그들을 분별하여 경계함으로써 양들을 보호하고 믿음의 길에 끝까지 정진할 수 있어야 합니다.

잊지 마십시오. 우리의 시민권은 하늘에 있습니다. 천국 시민권자라는 신분은 아무도 빼앗아 갈 수 없습니다. 그날이 오면 우리는 예수 그리스도를 따라 영화로운 몸으로 변화할 것입니다. 부디 우리의 마지막이 '영생'이기를 바랍니다.

목회자의 눈물이 필요하다

평소 김현승 시인의 시를 좋아하는데, 특히 〈눈물〉이라는 시를 좋아합니다. 이분도 저처럼 목회자의 아들로 태어나 자랐습니다. 〈눈물〉은 네 살배기 아들을 병으로 잃고 난 후에 쓴 시라고 합니다. 사랑하는 빌립보교회에 혼란을 가져온 무리를 향한 사도 바울의 애통함을 읽으니 이 시가 떠올랐습니다. 복음의 본질을 잃어 가는 성도들을 향한 목회자의 눈물이 느껴지기 때문입니다.

<눈물>

더러는
옥토에 떨어지는 작은 생명이고저……

흠도 티도,
금 가지 않은
나의 전체는 오직 이뿐!

더욱 값진 것으로
드리라 하올 제,

나의 가장 나아종 지니인 것도 오직 이뿐!

아름다운 나무의 꽃이 시듦을 보시고

열매를 맺게 하신 당신은,

나의 웃음을 만드신 후에

새로이 나의 눈물을 지어 주시다.

여기서 '나아종 지니인'은 원래 '나중 지닌'이지만, 시의 운율을 맞추고 의미를 강조하기 위해 일부러 늘려 쓴 시적 허용입니다. 시인의 말처럼 하나님이 우리에게 지어 주신 눈물이 필요한 시대입니다. 바울은 혼란스러운 시기를 보내고 있는 빌립보 성도들을 떠올리는 것만으로도 눈물을 흘릴 정도로 그들을 사랑했습니다. 우리에게도 예수 그리스도의 사랑으로 눈물 흘리는 마음을 주시기를 간절히 기도합니다.

잊지 마십시오. 사도 바울의 조언대로 믿음의 본을 따라 살고, 복음의 본질에서 벗어난 것을 냉철히 분별하며, 천국 시민으로서 소망을 잃지 않으면 혼란스러운 세상 가운데서도 굳건히 설 수 있을 것입니다.

"그러므로 나의 사랑하고 사모하는 형제들, 나의 기쁨이요 면류관인 사랑하는 자들아 이와 같이 주 안에 서라 내가 유오디아를 권하고 순두게를 권하노니 주 안에서 같은 마음을 품으라 또 참으로 나와 멍에를 같이한 네게 구하노니 복음에 나와 함께 힘쓰던 저 여인들을 돕고 또한 글레멘드와 그 외에 나의 동역자들을 도우라 그 이름들이 생명책에 있느니라 주 안에서 항상 기뻐하라 내가 다시 말하노니 기뻐하라 너희 관용을 모든 사람에게 알게 하라 주께서 가까우시니라 아무것도 염려하지 말고 다만 모든 일에 기도와 간구로, 너희 구할 것을 감사함으로 하나님께 아뢰라 그리하면 모든 지각에 뛰어난 하나님의 평강이 그리스도 예수 안에서 너희 마음과 생각을 지키시리라 끝으로 형제들아 무엇에든지 참되며 무엇에든지 경건하며 무엇에든지 옳으며 무엇에든지 정결하며 무엇에든지 사랑받을 만하며 무엇에든지 칭찬받을 만하며 무슨 덕이 있든지 무슨 기림이 있든지 이것들을 생각하라 너희는 내게 배우고 받고 듣고 본 바를 행하라 그리하면 평강의 하나님이 너희와 함께 계시리라"(빌 4:1-9).

10.

함께하시는 평강의 하나님

어떤 상황에서도 휘둘리지 않는 거룩한 열망이 있는가?

중국의 만리장성은 세계 7대 불가사의 중 하나입니다. 춘추 전국 시대부터 명나라 때에 이르기까지 수 세기에 걸쳐 지어진 대규모 군사 시설로 2012년 중국 국가문물국이 발표한 자료에 따르면 만리장성의 전체 길이는 21,196킬로미터이고, 평균 높이는 6-7미터에 폭이 4-5미터나 된다고 합니다. 참으로 어마어마합니다.

이 만리장성이라는 엄청난 건축물을 짓게 한 원동력은 무엇일까요? 바로 두려움입니다. 북방 유목 민족의 침입이 두려워서 성벽이라도 세워야 안심할 수 있었던 것입니다. 이처럼 인류 역사는 두려움을 떨쳐 버리고 마음의 평안을 얻기 위해 노력함으로써 위대한 업적을 이루어 왔습니다.

현대 사회는 어떻습니까? 각종 전쟁 무기를 개발하고 비축하는 것으로 만리장성을 대신합니다. 하나님은 이 아름다운 세상을 엿새 만에 창조하셨는데, 인간은 단 6분 만에 지구를 파멸시킬 수 있는 무기를 만들어 내고 있습니다. 그것도 무고한 시민들이 성실히 납부한 세금으로 말입니다.

우리는 평화를 원합니다. '세계 평화'라는 거창한 바람은 아니어도, 그저 일상의 스트레스를 받지 않는 작은 평화만큼은 원하지 않습니까? 좀 더 깊이 들어가면, 우리는 죽음의 두려움으로부터 해방된 평강을 누리길 원합니다. 사실 평강은 하나님의 선물입니다. 하나님의 임재 가운데 평강을 누리는 것이야말로 큰 축복입니다.

그렇다면 어떻게 해야 평강의 축복을 누릴 수 있을까요? 사도 바울은 빌립보 교인들에게 그에게서 배운 대로 실천하면 평강의 하나님이 그들과 함께하실 것이라고 조언합니다. 그의 조언은 세 가지로 요약할 수 있습니다.

모든 일에 기도와 간구로 아뢰라

첫째, 바울은 "아무것도 염려하지 말고 다만 모든 일에 기도와 간구로, 너희 구할 것을 감사함으로 하나님께 아뢰라"(빌 4:6)라고 말합니다. 당신 안에 걱정과 근심이 있습니까? 하나님께 기도해야 합니다. 간절함을 가지고 기도해야 합니다. 받을 줄 믿고 기도해야 합니다. 기도에는 능력이 있습니다. 자신을 위해, 가정을 위해, 학교를 위해, 직장을 위해, 교회를 위해, 민족을 위해 기도하십시오. 의인의 간구는 역사하는 힘이 크다고 했습니다(약 5:16). 기도 없이는 하나님의 평강을 경험할 수 없습니다.

그런데 아무것도 염려하지 않는 것이 가능할까요? '염려하다'는 헬라어로 '메림나오'인데, 원래 '나뉘다, 분열하다'라는 뜻입니다. 즉 염려란 마음이나 생각이 나뉘는 것을 가리킵니다. 그럼 염려하지 않으려면 어떻게 해야 할까요? 바울은 마음이 나뉘지 않도록 기도로 마음을 모으라고 조언합니다. 즉 염려가 밀려올 때마다 즉시 멈추고 기도하라는 것입니다.

사무엘상 1장에는 엘가나의 아내 '한나'의 이야기가 나옵니다. 엘가나에게는 두 아내가 있었는데, 다른 아내의 이름은 브닌나입니다. 브닌나에게는 자식들이 있었으나 하나님이 한나의 태를 닫으셨으므로 그녀에게는 자식이 없었습니다. 그러자 브닌나가 무자한 한나를 괴롭히며 업신여겼습니다. 그런데도 한나가 하나님을 원망하며 불평했다는 기록은 없습니다. 오히려 하나님 앞에 오래도록 앉아 통곡하며 기도했습니다.

슬픔에 겨워 차마 소리도 내지 못하고 입술을 떨며 조용히 기도하는 한나의 모습을 본 엘리 제사장은 그녀가 술에 취해 중얼거리는 것으로 생각했습니다. 그는 "언제까지 취해 있을 생각이오? 당장 포도주를 끊으시오"라고 한나를 꾸짖었습니다. 한나가 얼마나 억울했겠습니까? 제사장이라는 사람이 비탄에 빠진 마음을 알아주기는커녕 술에 취한 것 아니냐고 꾸짖다니 말입니다. 분통이 터져 큰 소리로 울어 버리거나 답답한 심정을 토로하며 원망하고 싶지 않았을까요? 그러나 한나는 "저는 술에 취한 게 아니라 너무나 원통한 일이 있어 하나님 앞에 제 마음을 쏟아 놓았을 뿐입니다. 저는 마음이 슬픈 여자입니다"라고 차분히 대답했습니다. 그러자 엘리가 그녀를 측은히 여겨 "평안히 가시오. 이스라엘의 하나님께서 당신이 간구한 기도를 들어주시기를 바라오"라고 위로와 축복의 말을 해 주었고, 한나는 제사장의 말을 즉시 은혜로 받아들이고 안심하며 집으로 돌아가 더 이상 슬퍼하지 않았습니다.

한나는 기도로 염려를 잠재울 줄 아는 믿음의 여인이었습니다. 업신여김을 당한다고, 마음이 괴롭다고, 염려가 많다고 술을 마시거나 좌절하지 않았습니다. 오직 하나님 앞에 앉아 주님만 바라보며 기도했습니다. 그리고 제사장이 위로의 말을 건네자 믿음으로 받아들이며 염려를 떨치고 기쁨으로 나아갔습니다. 그러자 마침내 하나님이 놀랍게 응답해 주셨습니다. 한나의 기도를 통해 이스라엘 초대 왕 사울과 왕국의 전성기를 이끈 제2대 왕 다윗을 기름 부어 세운 하나님의 종, 위대한 선지자 사무엘이 태어난 것입니다. 이처럼 하나님의 역사는 기도를 통해 이루어진다는 사실을 기억하십시오.

출애굽기 17장에서도 기도를 통해 하나님의 능력을 경험한 이야기를 찾아볼 수 있습니다. 이스라엘 백성이 광야 생활 중에 르비딤에 장막을 쳤는데, 아말렉이 쳐들어와 전쟁을 벌이게 되었습니다. 이때 모세는 여호수아에게 "우리를 위하여 사람들을 택하여 나가서 아말렉과 싸우라 내일 내가 하나님의 지팡이를 손에 잡고 산꼭대기에 서리라"(출 17:9)라고 말합니다. 이것이 그가 세운 전략이었습니다. 여호수아는 두말없이 모세의 말대로 아말렉과 싸우러 나갔고, 모세는 하나님의 지팡이를 손에 쥐고 아론 및 훌과 함께 산꼭대기로 올라갔습니다. 어떤 일이 벌어졌을까요? 모세가 손을 들면 이스라엘이 이기고, 손을 내리면 아말렉이 이겼습니다. 모세가 피곤해서 팔을 들 수 없게 되자 아론과 훌이 돌을 가져다가 모세를 그 위에 앉히고, 해가 질 때까지 양쪽에서 그의 손을 붙잡아 올려 내려오지 않게 했습니다. 여기서 손을 든다는 것은 곧 기도한다는 뜻입니다. 그 덕분에 여호수아가 아말렉을 끝까지 몰아붙여 마침내 승리할 수 있었고, 비로소 이스라엘에 하나님의 평강이 임했습니다.

코로나19 바이러스가 한창 기승을 부리던 2020년 말, 내년 신입생 모집이 제대로 될지, 외국인 유학생의 비자 제한이 언제 풀릴지 알 수 없어 매일 밤잠을 설쳤습니다. 2021년 시무 예배 후에 노원석 교수님으로부터 외국인 유학생의 비자가 3년째 제한 조치에 들어가게 되었다는 소식을 전해 들었습니다. 가슴이 아팠습니다. 노 교수님에게 교육부에 비자 허가를 다시 한 번 요청해 달라고 부탁하자 '초심을 잃지 않고 겸손하게' 요청하겠다고 했고, 저는 오로지 기도에 힘썼습니다.

한 달 후 기적이 일어났습니다. 비자 제한이 풀린 것입니다. 노 교수님이 그제야 "사실은 안 될 줄 알았는데, 총장님이 기도하셔서 된 것 같습니다"라고 말해 주었습니다. 저는 모두 하나님의 은혜요, 노 교수님의 노고 덕분이라고 대답했습니다. 그해 여름, 외국인 석 · 박사 과정에 지원자가 어찌나 몰리던지 제한을 두어야 할 정도였습니다. 그뿐 아니라 국내 석 · 박사 과정과 평생교육원에도 하나님이 학생들을 넘치도록 보내 주셨습니다.

코로나로 인해 어려움을 겪던 시절을 돌이켜보니 고난의 때가 아닌 오히려 은혜의 때였음을 새삼 깨닫습니다. 팬데믹 기간에도 은혜 가운데 침체기 없이 대면 강의를 순조롭게 진행했고, 꿋꿋하게 많은 일을 차질 없이 이루어 나갔습니다. 2021년 봄에는 한국복음주의신학회의 정기 논문 발표회가 본교에서 열렸고, 학교 유튜브 채널을 개설했습니다. 가을에는 목회학 석사 과정 학생들의 3박 4일 졸업여행을 재개했고, 《개신대학원대학교 40년사》(개신대학원대학교 역사편찬위원회) 출판 기념 예배를 드렸습니다. 예년보다 후원금이 6천만 원 이상 더 들어온 덕분에 학교 뒷마당 조경, 1층 사무실 리모델링, 7층 채플실 장비 보강 등 시설 개선을 추진할 수 있었고, 2022학년도 목회학 석사 과정 신입생의 반값 등록금을 실현할 수 있게 되었습니다. 제가 한 것이라고는 기도밖에 없습니다. 모두 하나님의 은혜입니다. 하나님께 믿음으로 간절하게 기도할 때 우리 생각을 뛰어넘는 하나님의 평강이 임함을 실제로 체험한 시간이었습니다.

무엇에든지 복음을 생각하라

하나님이 주시는 평강의 축복을 누리기 위한 바울의 두 번째 조언은 "끝으로 형제들아 무엇에든지 참되며 무엇에든지 경건하며 무엇에든지 옳으며 무엇에든지 정결하며 무엇에든지 사랑받을 만하며 무엇에든지 칭찬받을 만하며 무슨 덕이 있든지 무슨 기림이 있든지 이것들을 생각하라"(빌 4:8)는 것입니다. 한 구절 안에서 '무엇에든지'가 무려 여섯 번이나 반복된 것을 볼 수 있습니다. '무엇에든지'로 번역된 헬라어 '호사'가 영어 성경(NIV)에서는 'whatever'로 번역되었는데, 이는 '어떤 경우에라도'라는 뜻입니다. 즉 '어떤 일을 만나든지, 누구를 만나든지, 어떤 형편이든지, 어떤 처지에 있든지' 등을 뜻합니다. 바울은 '모든 상황에서 누구를 만나든, 말하고 행동하는 모든 것'에 '이것들을 생각하라'고 말합니다. 예외가 없습니다.

그렇다면 그리스도인은 무엇으로 생각을 채워야 할까요? 바울은 먼저 무엇에든지 참되게 하라고 말합니다. 이것은 '말'에 관한 조언입니다. 항상 사람의 입이 문제입니다. 사람들이 소문이나 험담을 듣고 옮길 때 문제가 생깁니다. 바울은 성도들에게 그러한 일에 관여하지 말라고 충고합니다. 그리고 이어서 무엇에든지 경건하게 하라고 말합니다. 이는 매사에 정직하게 말하고 행동하라는 뜻입니다. 하나님 앞에서 하듯이 살라는 것입니다. 경건이란 오늘 하루도 하나님이 하실 선한 일을 기대하며, 성령님의 인도하심에 따라 부끄럽지 않은 아름다운 선택을 하며 최선을 다해 주님 안에서 기쁘고 감사한 삶을 사는 것입니다. 세 번째, 무엇에든지 옳게 하라는 것은 공정하게 하라는 뜻으로 해석됩니다. 즉 하나님께 인정받는 삶을 살라는 것입니다. 네 번째, 무엇에든지 정결하게 하라는 것은 세상의 부패한 방법이나 이방인들의 타락한 관습을 멀리하라는 뜻으로 이해할 수 있습니다. 다섯 번째, 무엇에든지 사랑받을 만하게 하라는 것은 하나님과 사람들에게 사랑받으며 기쁨이 되게 살라는 것입니다. 마지막으로 여섯 번째, '무엇에든지 칭찬받을 만하며 무슨 덕이 있든지 무슨 기림이 있든지'라는 것은 덕이 되고 칭찬받을 만큼 좋은 평판을 받도록 행동하라는 것입니다. 성도들은 이러한 것들을 '생각'해야 합니다. 하나님과의 관계, 성도들과의 관계, 자신과의 관계 속에서 '이것들을' 생각하라는 것입니다.

몇 년 전에 한국복음주의신학대학협의회 총장 해외 연수차 뉴질랜드에 다녀온 적이 있습니다. 모든 것을 하나님 앞에 내려놓고 주님의 세심하신 손길을 느끼는 시간이었습니다. 다른 학교 총장님들과 대화를 나누며 많이 배우기도했지만, 하나님이 지으신 아름다운 세계를 보고, 듣고, 느끼면서 주님 안에서 깊은 쉼을 얻는 시간이기도 했습니다. 뉴질랜드의 아름다운 푸른 초원과 잔잔한 물가와 수많은 양 떼를 보니 시편 23편이 절로 떠올랐습니다. 하나님이 저를 푸른 풀밭에 누이시며 쉴 만한 물가로 인도하셔서 제 영혼을 소생시켜 주심을 느꼈습니다. 그 덕분에 머릿속이 상쾌해지고, 눈이 맑아져서 마음과 영혼이 새로워졌습니다. 그곳에서 일주일을 보낸 뒤 아쉬움을 뒤로한 채 비행기에 올랐습니다. 돌아오는 길에 한 여자의 남편으로서, 한 가정의 가장으로서, 한 학교의 총장으로서 더욱 믿음 있는 삶을 살겠다고 결심했습니다. 또 두려워하거나 조급해하지 않고, 하나님의 섭리 가운데 모든 것이 합력하여 선을 이루리라 믿으며 한 걸음씩 내디뎌야겠다고 생각했습니다. 그리고 하나님이나 다른 사람들과의 관계에서도 조금 더 느긋하고 여유롭게 처신해야겠다고 다짐했습니다.

사도 바울은 적대적인 환경에 처해 있든지, 상대방이 나를 어떻게 대하든지, 개인적인 감정이 어떠하든지 상관없이 항상 거룩하게 생각하라고 조언합니다. 사람은 생각한 대로 말하고 행동하기 마련입니다. 거룩한 생각은 온전한 습관을 낳고, 삶에서 도덕적으로나 영적으로 좋은 결과를 가져옵니다. 그러므로 '이것들을 생각하라'는 바울의 조언은 곧 '이것들을 실천하라'는 권면이라고 할 수 있습니다.

혹시 거짓되거나 불의하거나 악한 생각을 잠시나마 품었더라도 주님 앞에 회개하며 나아가기를 바랍니다. 하나님의 거룩하신 말씀으로 죄 된 생각을 깨끗이 씻음 받으십시오. 그리할 때 평강의 하나님이 우리 생각과 마음을 다스려 준다고 약속하셨습니다.

배우고 받고 듣고 본 바를 행하라

사도 바울의 세 번째 조언은 "너희는 내게 배우고 받고 듣고 본 바를 행하라"(빌 4:9)입니다. 그는 앞서 빌립보 교인들에게 "형제들아 너희는 함께 나를 본받으라"(빌 3:17)라고 말했던 것을 거듭 반복하며 강조합니다. 고린도교회에도 이와 똑같은 말을 한 적이 있습니다. "내가 그리스도를 본받는 자가 된 것같이 너희는 나를 본받는 자가 되라"(고전 11:1). 즉 사도 바울의 본을 따르는 것이 곧 그리스도의 본을 따르는 것입니다.

바울이 그들과 함께할 때 보여 주었던 대로 그리스도의 가르침을 따라 살면 자연스럽게 얻게 되는 결과는 무엇입니까? 바로 평강의 하나님의 임재하심입니다. 사도 바울은 고린도 교인들에게 "마지막으로 말하노니 형제들아 기뻐하라 온전하게 되며 위로를 받으며 마음을 같이하며 평안할지어다 또 사랑과 평강의 하나님이 너희와 함께 계시리라"(고후 13:11)라고 말한 바 있습니다. 그의 가르침대로 한마음, 한뜻이 되어 그리스도의 가르침을 실천하면 평강의 하나님이 그들과 함께하시리라는 약속입니다. 이처럼 그는 서신 끝에서 하나님을 '평강의 하나님'(롬 15:33; 고후 13:11), '평강의 주'(살후 3:16), '화평의 하나님'(고전 14:33)으로 즐겨 부르곤 했습니다.

어떤 사람이 드와이트 무디(Dwight L. Moody) 목사에게 "성경을 읽는데 잘 깨달아지기는커녕 의심이 생길 때는 어찌하면 좋습니까?" 하고 물었습니다. 보통 사람 같으면 "기도하시오"라고 대답했을 텐데, 무디 목사는 이렇게 답했습니다.

"성경을 읽다가 의심이 생기거든 뛰쳐나가 전도하십시오. 성경책을 놔두고 나가서 전도하며 지나가는 손수레라도 밀어 주십시오. 무슨 일이든지 찾아서 봉사하십시오. 그러고 나서 성경을 다시 읽으면 해석이 잘될 것입니다."

참으로 귀중한 교훈입니다. 말씀이 선뜻 이해되지 않는 것은 행하지 않고 읽기만 하기 때문입니다. 깨닫는 즉시 실천해야 합니다. 그렇게 할 때 평강의 하나님이 우리와 함께

하십니다. 그러나 사실 그리스도를 본받아 그 가르침대로 살기란 말처럼 쉬운 일이 아닙니다. 사도 바울도 이미 경험한 바가 있기에 "내가 원하는 바 선은 행하지 아니하고 도리어 원하지 아니하는 바 악을 행하는도다"(롬 7:19) 하고 탄식하지 않았겠습니까? 그런데도 그가 빌립보 교인들에게 자신을 본받으라고 자신 있게 말할 수 있는 이유는 간단합니다. 빌립보서 4장에 계속 반복해서 등장하는 표현을 보면 알 수 있습니다. 바로 '주, 예수, 능력 주시는 자 안에서' 입니다(빌 4:1, 2, 4, 7, 10, 13, 19, 21). 하나님의 평강은 느낌이나 기분이 아닙니다. 우리의 힘과 노력으로는 하나님의 평강을 누릴 수 없습니다. 사람이 줄 수 있는 것이 아니기 때문입니다. 그것은 믿음으로 누리는 것입니다. 하나님 앞에 자신을 철저히 내려놓고 주님만 의지할 때, 성령님이 우리 삶 가운데 역사하며 평강의 열매를 맺게 하십니다.

하나님은 예수 그리스도를 통해 이 땅에 평화를 선포하셨습니다. 그리고 "그를 믿는 자마다 멸망하지 않고 영생을 얻게"(요 3:16) 하셨습니다. 하나님의 평강은 예수 그리스도 안에 있는 우리에게 이미 주어졌습니다.

제가 정말로 좋아하는 찬송이 있습니다. 반평생 살면서 수백 번 불렀던 찬송입니다. 집에서 종종 아이들과 피아노를 치면서 함께 부르곤 합니다. 막내딸에게는 아빠가 죽기

전에 이 찬송가를 꼭 불러 달라고 부탁하기까지 했습니다. 바로 〈내 영혼의 그윽히 깊은 데서〉(통일찬송가 469장)입니다.

1절) 내 영혼의 그윽히 깊은 데서 맑은 가락이 울려나네
하늘 곡조가 언제나 흘러나와 내 영혼을 고이 싸네

2절) 내 맘속에 솟아난 이 평화는 깊이 묻히인 보배로다
나의 보화를 캐내어 가져갈 자 그 누구랴 안심일세

3절) 내 영혼에 평화가 넘쳐남은 주의 축복을 받음이라
내가 주야로 주님과 함께 있어 내 영혼이 편히 쉬네

4절) 이 땅 위에 험한 길 가는 동안 참된 평화가 어디 있나
우리 모두 다 예수를 친구 삼아 참 평화를 누리겠네

후렴) 평화 평화로다 하늘 위에서 내려오네
그 사랑의 물결이 영원토록 내 영혼을 덮으소서

우리가 주 안에서 모든 일에 기도와 간구로 아뢰고 무엇에든지 복음을 생각하며 그리스도께 본받아 배우고 받고 듣고 본 바를 행할 때, 하나님이 우리 가정과 학교와 직

장과 교회와 민족을 평강 가운데 부흥시켜 주실 것을 믿습니다. 이 축복을 받아 누리는 그리스도인이 되기를 바랍니다.

"내가 주 안에서 크게 기뻐함은 너희가 나를 생각하던 것이 이제 다시 싹이 남이니 너희가 또한 이를 위하여 생각은 하였으나 기회가 없었느니라 내가 궁핍하므로 말하는 것이 아니니라 어떠한 형편에든지 나는 자족하기를 배웠노니 나는 비천에 처할 줄도 알고 풍부에 처할 줄도 알아 모든 일 곧 배부름과 배고픔과 풍부와 궁핍에도 처할 줄 아는 일체의 비결을 배웠노라 내게 능력 주시는 자 안에서 내가 모든 것을 할 수 있느니라 그러나 너희가 내 괴로움에 함께 참여하였으니 잘하였도다 빌립보 사람들아 너희도 알거니와 복음의 시초에 내가 마게도냐를 떠날 때에 주고받는 내 일에 참여한 교회가 너희 외에 아무도 없었느니라 데살로니가에 있을 때에도 너희가 한 번뿐 아니라 두 번이나 나의 쓸 것을 보내었도다 내가 선물을 구함이 아니요 오직 너희에게 유익하도록 풍성한 열매를 구함이라 내게는 모든 것이 있고 또 풍부한지라 에바브로디도 편에 너희가 준 것을 받으므로 내가 풍족하니 이는 받으실 만한 향기로운 제물이요 하나님을 기쁘시게 한 것이라 나의 하나님이 그리스도 예수 안에서 영광 가운데 그 풍성한 대로 너희 모든 쓸 것을 채우시리라 하나님 곧 우리 아버지께 세세 무궁하도록 영광을 돌릴지어다 아멘 그리스도 예수 안에 있는 성도에게 각각 문안하라 나와 함께 있는 형제들이 너희에게 문안하고 모든 성도들이 너희에게 문안하되 특히 가이사의 집 사람들 중 몇이니라 주 예수 그리스도의 은혜가 너희 심령에 있을지어다"(빌 4:10-23).

11.

예수 안에서 채워지는 자족의 은혜

오직 그리스도만으로 풍성한 믿음을 가지고 있는가?

묵은해를 보내고 새해를 맞이하면 희망찬 내일을 꿈꿀 수 있기에 기쁘고 즐겁기 마련입니다. 그동안 하나님이 베풀어 주셨던 온갖 은혜와 기적을 떠올리며 벅찬 가슴으로 하나님이 새로이 주실 복과 은혜를 기대하곤 합니다.

새해도 좋고, 한 주의 시작도 좋고, 하루의 시작도 좋습니다. 새로운 출발선에서 우리는 어떤 다짐을 하면 좋을까요? 사도 바울이 빌립보 교인들에게 보낸 편지에서 세 가지를 찾을 수 있습니다.

자족의 비결을 배우라

첫째, 자족하기를 배우겠노라 다짐하십시오. 사도 바울은 "내가 궁핍하므로 말하는 것이 아니니라 어떠한 형편에든지 나는 자족하기를 배웠노니 나는 비천에 처할 줄도 알고 풍부에 처할 줄도 알아 모든 일 곧 배부름과 배고픔과 풍부와 궁핍에도 처할 줄 아는 일체의 비결을 배웠노라 내게 능력 주시는 자 안에서 내가 모든 것을 할 수 있느니라" (빌 4:11-13)라고 말합니다.

'배우다'라는 말이 두 번 반복되는데, 이는 자족하는 마음은 절로 생기는 것이 아님을 말해 줍니다. 즉 훈련 과정이 필요하다는 뜻입니다. 자족이란 머리로 배우는 지식이 아니라 몸으로 익히는 습관입니다. 지혜로운 사람이라면 자족하는 삶이야말로 행복한 삶인 것을 알 것입니다. 그러나 이 사실을 안다고 해서 바로 그러한 삶을 살게 되는 것은 아니지 않습니까? 삶은 경험의 연속이요, 그 결과물이기 때문입니다.

사도 바울은 배부를 때나 풍부할 때 자족하기를 배웠다고 말합니다. '배부르면 당연히 자족해야지'라고 생각할 수 있습니다. 그러나 과연 당연할까요? 풍족하게 사는 사람들을 보십시오. 실제로 그들은 가질수록 더 많이 갖기를 원합니다. 오늘날은 먹을 것이 정말로 넘치는 세상입니다. 30대 초반에 미국으로 유학을 떠났는데, 그전에는 초밥 한번 먹기가 꽤 어려웠습니다. 그런데 지금은 손가락 몇 번 움직이면 초밥이며 우동이며 무엇이든지 문 앞까지 배달해 주지 않습니까? 그런데도 사람들은 맛집 찾기에 더욱 열을 올리곤 합니다.

인간은 스스로 만족함이 없습니다. 인정하든 안 하든 인간은 기본적으로 누구나 욕심쟁이입니다. 어떤 사람은 먹는 것이나 입는 것에는 통 관심이 없을 수 있지만, 자세히 들여다보면 분명 다른 욕심이 있습니다. 지식이나 학문에 욕심을 부릴 수도 있습니다. 열심히 사는 모습은 누가 봐도 칭찬할 만하지만, 자신에게 주어진 것에 만족함이 없기에 끝없이 무언가를 추구하는 열심이라면 그것만큼 불쌍한 삶도 없을 것입니다.

사도 바울은 배고프고 궁핍한 가운데서도 자족하기를 배웠다고 말합니다. 제 인생을 돌아보니 너무 배부르게도, 너무 배고프게도 살지 않았던 것 같습니다. 원하는 만큼 실컷 먹고 자라지는 못했지만, 먹을 것이 없어서 굶주린 적도 없습니다. 하나님의 은혜입니다. 그러나 어린 시절에 찢어지게 가난하게 살았던 사람들은 자라면서 다시는 가난하게 살지 않겠다고 다짐하곤 합니다. 그리고 가난에서 벗어나기 위해 안간힘을 씁니다. 이왕이면 좋은 조건의 배우자와 결혼하려고 노력합니다. 저라도 그럴 것 같습니다. 그러나 그러한 태도가 항상 좋은 결과로 이어지지는 않는다는 것이 사실입니다. 가난에서 벗어나는 것이 인생의 목표가 될 수는 있지만, 그 노력이 인생에 행복을 가져다주지는 않기 때문입니다.

물질적으로는 가난해도 행복 지수는 오히려 높을 수 있습니다. 초대 교회 당시에도 무소유로 사는 사람들을 높이 평가하곤 했습니다. 그런 사람들은 외적인 요인에 그리 큰 영향을 받지 않습니다. 현대에는 무소유로 살기 위해 모든 것을 내버리고 출가하여 사찰에 들어가거나 수도원에 들어가기도 합니다. 그런데 사찰이나 수도원을 운영하는 불교나 가톨릭이 물질적으로 얼마나 부유한지를 알면 무소유의 삶을 위한 출가가 아이러니하게 느껴질 것입니다. 즉 사람의 행복은 물질의 풍요나 궁핍에 달려 있지 않습니다. 그러면 무엇에 달려 있을까요?

그리스도인이 배우기를 원하는 자족은 인간적인 노력으로 얻을 수 있는 것이 아닙니다. 자족하는 비결은 아무나 알지 못합니다. 사도 바울은 이를 가리켜 '일체의 비결'이라고 했습니다. 영어 성경(NIV)은 '비결'을 'secret'으로 번역했는데, 말 그대로 '비밀 또는 신비스러운 현상'을 가리킵니다. 헬라어로는 '무에오'인데, '비밀 결사 조직에 가입하여 그 조직의 구성원이나 강령에 아주 익숙하게 되고 친하게 되다'라는 뜻입니다. 신약에서는 여기 한 군데서 사용된 것만 봐도 누구나 이 비결을 경험할 수 있는 것은 아니라는 사실을 알 수 있습니다.

그렇다면 그 비결은 과연 무엇입니까? 고맙게도 사도 바울이 그 답을 숨김없이 알려 줍니다.

> "내게 능력 주시는 자 안에서 내가 모든 것을 할 수 있느니라"(빌 4:13).

우리가 익히 알고 암송하는 구절입니다. 그런데 아는 만큼 실제로 체험하고 있습니까? 솔직히 하나님이 지금보다 조금만 더 궁핍하게 하신다면, 저는 자족할 자신이 없습니다. 제가 당연히 여기던 것들이 사라진다면, 적어도 처음에는 불평불만이 클 것 같습니다. 이와 반대로 재벌 부럽지 않은 엄청난 부를 주신다고 해도 욕심 부리지 않을 자신이 없습니다. 예수님은 "낙타가 바늘귀로 들어가는 것이 부자가 하나님의 나라에 들어가는 것보다 쉬우니라"(눅 18:25)라고 말씀하셨습니다. 그럼에도 저는 자족하며 살 자신이 없습니다.

하지만 우리에게는 복된 소식이 있습니다. 하나님의 독생자이자 하나님이신 예수 그리스도께서 모든 것을 버리고 아기 모습으로 이 땅에 오셨습니다. 그분은 모든 것을 소유했지만, 우리에게 모든 것을 주셨습니다. 심지어 당신의 목숨까지도 내주셨습니다. 그 주님이 우리에게 '능력'을 주십니다.

우리 시대는 만족과는 점점 더 멀어지고 있습니다. 안 그래도 팬데믹 이전부터 헬조선이라며 사회에 불만이 많았는데, 코로나로 인해 온 사회가 깊은 불안과 우울증에 시달리고 있습니다. 영적 암흑의 시기입니다. 그러나 어두울수록 빛은 밝게 비치는 법입니다. 예수님이 이스라엘의 암흑기에 와서 빛을 비추어 주신 것처럼, 하나님이 혼돈 가운데 빛이 있으라 하신 것처럼 성숙한 성도는 어둠 속에서도 빛을 발합니다. 바울이 그랬던 것처럼 환경에 휘둘리지 않고, 불확실한 미래를 불안해하기보다는 주님 안에서 자족하며 기쁘게 삶으로써 빛을 발합니다. 이런 사람이야말로 구별된 사람입니다.

예수 그리스도를 체험한 사람이 자족하기를 배웁니다. 더 이상 육신의 필요를 위해 살지 않고, 영적인 열매를 맺기 위해 삽니다.

둘째, 영적 열매를 풍성히 맺겠노라 다짐하십시오.

> "내가 선물을 구함이 아니요 오직 너희에게 유익하도록 풍성한 열매를 구함이라"(빌 4:17).

빌립보서는 사도 바울이 빌립보 교인들에게 보낸 일종의 감사 편지입니다. 그의 사역을 아무도 후원해 주지 않던 때에 유일하게 빌립보 교인들은 여러 차례 그에게 선교 헌금을 보냈는데, 빌립보교회가 물질적으로 풍족해서 헌금을 보냈을까요? 아닙니다. 심지어 이번에는 에바브로디도가 아파 죽을 뻔했으면서도 연보를 전하기 위해 끝까지 견디며 찾아오기까지 했습니다. 바울에게 얼마나 큰 힘이 되고 위로가 되었겠습니까? 그가 얼마나 고마웠겠습니까? 그러나 그는 그들에게 감사 인사를 하면서도 아쉬운 소리는 절대 하지 않습니다. 그들이 보낸 헌금은 분명 그에게 큰 위로와 기쁨이 되었지만, 그 이상도 이하도 아니라는 것입니다. 그들의 헌금이 없더라도 이미 그는 자족하며 살고 있었습니다. 그러므로 그들의 연보는 오히려 그들을 위한 것이라고 정의합니다. 이를 통해 그들이 영적으로 풍성한 열매를 맺을 것이기 때문입니다. 또한 그가 이토록 당당하게 말할 수 있는 것은 그가 그들의 행위를 오롯이 하나님에게 향기로운 제사로 올려 드리기 때문입니다.

선교 헌금이나 기부 헌금을 할 때 또는 받을 때 반드시 유념해야 할 중요한 사항이 몇 가지 있습니다. 첫째, 헌금하는 사람은 받는 대상에게 어떤 대가를 바라거나 요구해서는 안 됩니다. 헌금은 사람에게 하는 것이 아니라 하나님께 드리는 영적 제사이기 때문입니다. 둘째, 헌금은 하나님의 귀한 사역에 동참하는 한 가지 방법입니다. 직접 참여해서 봉사하지는 못하더라도 물질을 통해 사역에 도움을 줄 수 있는 귀한 기회인 것입니다. 그 기회를 주신 하나님께 그리고 선교사나 사역자에게 감사해야 합니다. 셋째, 헌금은 영적 열매입니다. 영적 열매는 우리가 이 땅에서 살 동안만 맺을 수 있습니다. 장차 부활하신 주님을 다시 만날 때, 그 열매의 풍성함에 따라 우리에게 주어질 상급이 준비될 것입니다. 넷째, 받는 사람은 하나님이 주의 사역을 위해 사람을 통해 주신 것임을 알고, 오직 하나님께 영광을 돌려야 합니다. 물론 헌금한 이들에게 감사 인사와 기쁨을 전해야 마땅하지만, 그 이상을 의지해서는 안 됩니다. 다섯째, 헌금한 이들을 축복하며 기도해 주어야 합니다. 그들이 하나님의 사역에 더욱 동참할 수 있도록, 그래서 영적 열매를 더욱 풍성히 맺도록 기도해 주십시오. 여섯째, 받는 것은 모두 하나님이 주신 것임을 알고 선한 일에 사용하는 선한 청지기가 되어야 합니다.

사도 바울은 오직 그리스도를 위해 영적 열매를 풍성히 맺기 위한 노력을 기울이며 살았습니다. 그는 그리스도를 위해, 그리스도를 따라, 그리스도와 함께, 그리스도처럼 살았습니다.

> "형제들아 나는 아직 내가 잡은 줄로 여기지 아니하고 오직 한 일 즉 뒤에 있는 것은 잊어버리고 앞에 있는 것을 잡으려고 푯대를 향하여 그리스도 예수 안에서 하나님이 위에서 부르신 부름의 상을 위하여 달려가노라"(빌 3:13-14).

그는 영적 열매를 맺고 영원한 상급 받기를 간절히 원했을 뿐만 아니라 영적 자녀들도 그리하기를 간절히 원했습니다. 그렇다면 영적 열매를 위해 사는 사람의 삶은 어떤 모습일까요? 이 세상의 먹고 마시는 것, 세상이 중요하게 여기는 권력이나 소유와 같은 것들은 영적 열매를 맺기 위한 수단일 뿐 인생의 목적이 될 수는 없습니다. 그러므로 궁핍하든 풍부하든 크게 흔들리지 않습니다. 적은 것이라도 가진 것에 감사합니다. 예수 그리스도 한 분만으로 족하다고 고백합니다.

수년 전에 한 인터뷰에서 기자가 제게 물었습니다.

"목사님, 복음을 위해서라면 목사님이 가지신 모든 것, 즉 가정, 자녀, 지위, 재산, 건강, 관계 등을 잃을 수 있겠습니까?"

아주 잠깐 멈칫했지만, 곧 "네"라고 대답했습니다. 가슴이 울컥했습니다. 당신이라면 어떤 대답을 하겠습니까? 그날의 질문을 오늘 다시 한 번 스스로에게 던집니다.

"나는 예수 그리스도 한 분만으로 만족하는가?"

인간적으로는 어찌 그게 가능한가 하고 반문할 수 있지만, 하나님이 주시는 답은 오직 하나, '예수 그리스도 외에는 만족이 없다'가 진리입니다. 주님은 우리에게서 "주 예수 그리스도 한 분만으로 족합니다! 주님밖에 없습니다! 내 모든 것은 주님의 것입니다!"라는 고백을 듣기 원하십니다.

사도 바울이 말한 자족은 욕심을 버리는 데 그치는 자족이 아닙니다. 하나님은 우리로 하여금 이 세상을 사는 동안에 우리가 받은 모든 것으로 영적 열매를 풍성히 맺어 하늘나라 상급을 받도록 하십니다. 그러므로 하나님께 받은 것으로 풍성한 열매를 맺는 삶을 사십시오.

그리스도의 은혜와 함께하라

셋째, 그리스도의 은혜를 잊지 않겠노라 다짐하십시오.

> "나의 하나님이 그리스도 예수 안에서 영광 가운데 그 풍성한 대로 너희 모든 쓸 것을 채우시리라 하나님 곧 우리 아버지께 세세 무궁하도록 영광을 돌릴지어다 아멘 … 주 예수 그리스도의 은혜가 너희 심령에 있을지어다"(빌 4:19-20, 23).

사도 바울은 자신의 필요를 넘치도록 채워 준 빌립보 성도들을 축복합니다. 주께서 그들의 모든 필요를 채워 주시기를 간구합니다. 그리고 자신의 모든 필요를 채우시는 하나님이 그들의 모든 필요를 예수 그리스도의 풍성함으로 채워 주실 것을 선포합니다. 하나님의 풍성하심은 한계도, 부족함도 없음을 믿으십시오. 사실 빌립보 교인들은 그리 부유하지 않았습니다. 부유해질 가능성도 별로 없었습니다. 그런데 바울은 어떻게 이처럼 당당하게 말할 수 있을까요? 그가 말한 '모든 쓸 것'이란 육신의 필요에 한한 것이 아니라 영적인 필요도 포함하기 때문입니다.

우리는 육신의 필요에 관해서는 너무도 잘 압니다. 누가 말해 주지 않아도 압니다. 어떻게 하면 육신의 필요를 채울 수 있을지 항상 고민합니다. 오늘 저녁은 무엇을 먹을지, 내일은 무슨 옷을 입을지를 항상 생각합니다. 그런데 그보다도 더 중요한 것이 있으니, 바로 영적 필요입니다. 겉으로는 잘 먹고 잘 입으니 부족함이 없어 보이지만, 영적으로는 뼈만 앙상히 남은 채 죽어 가는 사람이 우리 주변에 넘칩니다. 모두 예수님을 믿지 않는 사람입니다. 그런가 하면 영적으로 목숨은 붙어 있으나 영의 양식을 가끔 한 번씩만 공급받는 탓에 힘없이 축 처져 있는 사람도 많습니다. 예수님을 믿는다고 하면서도 세상 방식대로 살아가는 사람들입니다.

팬데믹 이후 그런 사람들이 더욱 늘어나고 있습니다. 요즘에는 전화 심방을 해도 성도들이 교회에 나오지를 않는다고 합니다. 처음에는 코로나 팬데믹 때문이었는데, 이제는 집에서 온라인으로 예배드리는 게 더 편하니까 괜히 불편하게 다니기 싫다고 말하는 성도들도 있습니다. 큰일입니다. 우리 영도 육신처럼 매일매일 말씀과 기도와 찬양으로 양식을 먹고 강건해져야 하는데, 영은 눈에 보이지 않으니 각별한 관심이 필요합니다. 때문에 우리의 영이 깨어 있는지, 강건한지, 부족한 것은 없는지를 날마다 점검해야 합니다. 그렇게 할 때, 우리의 모든 필요를 넘치도록 채워 주겠다고 하나님이 약속하십니다. 영적 부요함을 받아 누리기를 축복합니다.

우리에게 꼭 필요한 영적 필요를 꼽는다면, 단연 주 예수 그리스도의 은혜가 으뜸일 것입니다. 특히 사도 바울에게는 더 그랬던 것 같습니다. 빌립보서의 첫인사도 마지막 인사도 모두 '그리스도의 은혜'이기 때문입니다(빌 1:2, 4:23). 더욱 놀라운 것은, 로마서를 제외한 모든 바울 서신의 끝에는 반드시 '은혜'의 언급이 있다는 사실입니다.

"주 예수 그리스도의 은혜가 너희와 함께하고 나의 사랑이 그리스도 예수 안에서 너희 무리와 함께할지어다"(고전 16:23-24).

"주 예수 그리스도의 은혜와 하나님의 사랑과 성령의 교통하심이 너희 무리와 함께 있을지어다"(고후 13:13).

"형제들아 우리 주 예수 그리스도의 은혜가 너희 심령에 있을지어다 아멘"(갈 6:18).

"우리 주 예수 그리스도를 변함없이 사랑하는 모든 자에게 은혜가 있을지어다"(엡 6:24).

"주 예수 그리스도의 은혜가 너희 심령에 있을지어다"(빌 4:23).

"나 바울은 친필로 문안하노니 내가 매인 것을 생각하라 은혜가 너희에게 있을지어다"(골 4:18).

"우리 주 예수 그리스도의 은혜가 너희에게 있을지어다"(살전 5:28).

"우리 주 예수 그리스도의 은혜가 너희 무리에게 있을지어다"(살후 3:18).

"이것을 따르는 사람들이 있어 믿음에서 벗어났느니라 은혜가 너희와 함께 있을지어다"(딤전 6:21).

"나는 주께서 네 심령에 함께 계시기를 바라노니 은혜가 너희와 함께 있을지어다"(딤후 4:22).

"나와 함께 있는 자가 다 네게 문안하니 믿음 안에서 우리를 사랑하는 자들에게 너도 문안하라 은혜가 너희 무리에게 있을지어다"(딛 3:15).

"우리 주 예수 그리스도의 은혜가 너희 심령과 함께 있을지어다"(몬 1:25).

히브리서의 기자가 바울인지는 확실하지 않지만, 다른 바울 서신들처럼 끝 구절에서 '은혜'가 언급됩니다.

"은혜가 너희 모든 사람에게 있을지어다"(히 13:25).

이것은 우연의 일치가 아닙니다. 이것은 그리스도의 은혜를 누구보다도 뼈저리게 경험했고 또 열정적으로 사모하는 사도 바울의 모습을 보여 줍니다. 우리가 잘 알다시피 사도 바울은 예수 그리스도를 만나기 전과 후가 180도 다른 사람입니다. 이전에는 예수 그리스도의 적 중의 적이었습니다. 그랬던 그에게 예수님이 친히 나타나 새로운 삶과 귀한 사명을 주셨습니다. 그는 이것을 그리스도의 일방적인 은혜로밖에는 이해할 도리가 없었습니다.

'아, 나는 바울과 달라. 예수님을 박해한 적이 없으니까'라고 생각할 수 있습니다. 그러나 사도 바울이 선포합니다.

"내가 여러 번 너희에게 말하였거니와 이제도 눈물을 흘리며 말하노니 여러 사람들이 그리스도의 십자가의 원수로 행하느니라"(빌 3:18).

믿지 않는 자들을 가리킨 말이 아닙니다. 빌립보 교인들을 두고 한 말입니다. 스스로 인식하든 안 하든 죄 가운데 사는 자, 알고도 하나님의 말씀대로 행하지 않는 자는 하나님이 보시기에 십자가의 원수로 행동하는 자이므로 죽어 마땅합니다. 게다가 매일 죄짓지 않고 사는 사람은 한 명도 없을 것입니다. 우리는 모두 주 예수 그리스도의 은혜가 절실히 필요합니다. 필요한 정도가 아니라 은혜 없이는 살 수가 없습니다. 하나님의 은혜는 감히 상상할 수 없을 정도로 우리 삶에 깊숙이 들어와 우리를 붙들고 있습니다. 주님의 은혜는 헤아릴 수조차 없습니다. 이 사실을 믿습니까?

하나님이 새 일을 행하시리라

코로나19 팬데믹이 종식된 지금도 힘든 시간을 보내고 있는 이들이 있을 것입니다. 그러나 지나온 세월을 한번 되돌아보십시오. 어떤 어려운 순간에도 하나님의 은혜가 함께 하셨음을 깨달을 것입니다.

앞으로 우리에게 어떤 일이 일어날지 아무도 모릅니다.

하지만 확실한 것은, 그리스도의 은혜가 우리를 붙들어 주신다는 사실입니다. 예수 그리스도의 놀라운 은혜가 당신과 함께하시기를 간절히 소망합니다.

사도 바울의 교인들을 향한 사랑과 감사가 물씬 느껴지는 서신서, 빌립보서의 주제는 '환난 가운데 기쁨'일 것입니다. 바울이 언급한 모든 것, 곧 기쁨, 감사, 사랑, 은혜 등은 오직 주 예수 그리스도 안에서 우리에게 주어집니다. 우리는 이 사실을 빌립보서를 통해 알 수 있습니다. 사도 바울은 오직 예수 그리스도를 통해 우리가 신령한 은혜를 충만히 누리고, 오직 예수 그리스도 안에서 영의 풍성한 열매를 맺는다고 말합니다. 그러면서 오직 그리스도 한 분만으로 족하다고 외칩니다. 그의 이러한 고백이 저와 당신의 고백이 되기를 예수님의 이름으로 축복합니다. 그럴 때 희망찬 걸음을 내딛는 오늘, 하나님이 당신의 삶에서 새 일을 행하실 것입니다.

오직 그리스도를 믿는 믿음 안에서
고뇌하고 절제하며 연단하는 이들의
신앙에 기쁨이 있기를
그리스도의 충만한 사랑과 은혜로
축복합니다.

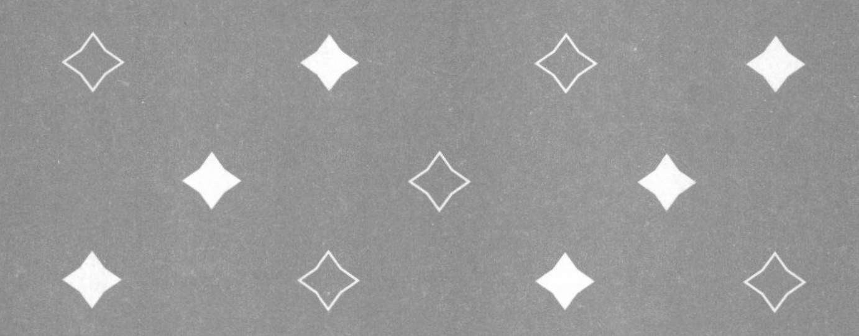